dtv

Würden Sie sagen, dass Sie momentan Ihrem Herzenswunsch, Ihrer Leidenschaft folgen? Oder leben Sie das Leben, das andere für Sie geplant haben?
In jedem von uns schlummert eine Leidenschaft. Wenn wir dieser konsequent folgen, werden wir im Leben alles erreichen, was wir uns wünschen. In der Geschichte des jungen Schülers, der seinen Mentor findet, verdeutlicht uns Chris Widener, wie wir unsere Leidenschaft erkennen und wie wir sie umsetzen können. Denn nachdem wir unsere Wünsche erkannt haben, müssen wir auch den ersten Schritt auf dem Weg zur Verwirklichung wagen. So findet schließlich jeder den Engel in sich!

Chris Widener gründete und leitet »Made for Success«, eine der weltweit größten Agenturen für persönliche Entwicklung. Er arbeitet in den USA als Coach, Berater und Redner. In Amerika veröffentlichte er dieses Buch zunächst im Selbstverlag und war damit so erfolgreich, dass das Buch schließlich in einem großen Publikumsverlag erschien und mittlerweile in zwölf Sprachen übersetzt wurde.

Chris Widener

Finde den Engel in dir

Wie wir lernen können,
innere Kräfte zu entfalten

Aus dem Englischen von Bettina Lemke

Deutscher Taschenbuch Verlag

Deutsche Erstausgabe
September 2008

www.dtv.de
Dieses Werk wurde vermittelt durch die
Literarische Agentur Thomas Schlück GmbH, 30827 Garbsen

Umschlagkonzept: Balk & Brumshagen
Umschlagbild: Bridgeman Giraudon
Satz: Greiner & Reichel, Köln
Gesetzt aus der Centaur 10,75/13·
Druck und Bindung: Druckerei C.H. Beck, Nördlingen
Gedruckt auf säurefreiem, chlorfrei gebleichtem Papier
Printed in Germany · ISBN 978-3-423-34501-9

*Für Lisa, Christopher, Hannah, Rebekah
und Sarah – meine Engel!*

VORWORT

Manchmal enthalten fiktive Geschichten eine tiefere Wahrheit als Tatsachen. Und gute Fiktion unterhält nicht nur – sie ist auch lehrreich.

Das ist der Fall bei dem Buch *Finde den Engel in dir*. Chris Widener hat die Wahrheit in eine fiktive Geschichte eingebettet, die unser Interesse weckt, unseren Geist schult und unser Herz positiv bestärkt.

Ich hatte das Glück, den *David* bei einem Florenzbesuch zu sehen. Fotografien und Beschreibungen können die Großartigkeit dieser Skulptur, die Michelangelo auf eine so meisterhafte Weise erschaffen hat, nicht vermitteln.

Der *David* steht in einem Museum in einer großen, geschäftigen Stadt. Die Menschen, die dort leben oder die Stadt besuchen, repräsentieren das gesamte Spektrum der menschlichen Erfahrung. Manche sind sehr gebildet, während andere nur eine geringe Ausbildung haben. Einige sind unglaublich wohlhabend, während andere mit dem Nötigsten auskommen müssen. Manche leben auf großem Fuß, während andere ein Leben führen, das aufgrund äußerer Umstände stark eingeschränkt ist.

Ich glaube, dass der *David* uns daran erinnert, wie das Leben jedes Einzelnen aussehen könnte, egal, in welcher Situation er sich gerade befindet. Diese Skulptur repräsentiert vollendete Schönheit und inspiriert uns dazu, größere Schönheit in unserem Leben anzustreben.

Vielleicht sprechen die einfachen Wahrheiten in diesem Buch uns deshalb so sehr an, weil wir in einer komplexen Welt leben. Wir suchen intensiv nach dem Wesentlichen, nach einer Basis, die uns helfen kann, unser Leben und unseren Beruf erfolgreich zu gestalten.

Ich stimme mit Chris überein: In jedem von uns steckt ein Meisterwerk, das nur darauf wartet, zum Vorschein zu kommen. Leider erkennt nicht jeder sein eigenes Potenzial, und häufig wissen wir auch nicht, wie wir es ausschöpfen können. Wenn Sie dieses Buch lesen, werden Sie Ihr eigenes Potenzial leichter erfassen. Es kann Ihnen helfen, aus Ihrem Leben das Meisterwerk zu machen, zu dem es bestimmt ist.

Mark Sanborn

1

FINDE DEN ENGEL IN DIR

Jeder Mensch hat die großartige Fähigkeit, sowohl König als auch Krieger zu sein, ein wertvoller und erfolgreicher Mensch – voller Schönheit und Kraft.

Tom Cook war nach Europa gekommen, um eine neue Ausrichtung für sein Leben zu finden. Frustriert davon, wie die Dinge privat und beruflich liefen, hatte er sich vorgenommen, eine zweiwöchige Reise zu machen, weg von allem. Er hatte gehofft, seine Gedanken auf diese Weise ordnen zu können und die Möglichkeit zu haben, ernsthaft in sich zu gehen. Er hatte außerdem geglaubt, dass durch seine Zeit außerhalb der Vereinigten Staaten der Druck von ihm abfallen würde, den er bei seiner Arbeit empfand, und er daher in der Lage wäre, einige wohlüberlegte Entscheidungen über seine Zukunft zu treffen. Doch am vorletzten Tag seiner Reise musste er sich widerstrebend eingestehen, dass er dieses Ziel nicht erreicht hatte. Er war bereits in England, Frankreich und Spanien gewesen, aber er war sich noch nicht über sich selbst klar geworden oder darüber, wie es beruflich weitergehen sollte. Er fühlte sich noch genauso unschlüssig wie an dem Tag, als er vom John-F.-Kennedy-Flughafen losgeflogen war. Heute war sein dritter und letzter Tag in Florenz, der letzten Station auf seiner Reise – und seine Zeit damit schon fast zu Ende. Doch dann geschah etwas …

Florenz. Firenze. Die romantische Stadt der Kunst, des

Essens und des Weins. Die meisten Menschen, die sie besuchen, sind überwältigt von ihrer Schönheit. Die größten Meisterwerke der Welt findet man in ihren Museen. Einige der berühmtesten, kreativsten und einflussreichsten Menschen der Geschichte wurden dort geboren und verbrachten ihr Leben in dieser Stadt. Sie ist mit all ihrer Pracht ein unvergleichliches kulturelles Zentrum der Geschichte und der Kunst. Tom hatte gedacht, dass es der perfekte Ort wäre, um eine neue Richtung für sein Leben, Freude und Inspiration zu entdecken.

Es war früher Nachmittag und er saß auf einer Bank auf einer geschäftigen Piazza. Er war müde. Müde vom Reisen. Müde vom Suchen. Müde vom Leben. Einfach müde.

Mit seinem schweren Rucksack zu seinen Füßen beobachtete Tom die zahlreichen Menschen, die kamen und gingen und genauso umherliefen wie in seiner Stadt auch. Einige Menschen wirkten glücklich, andere sahen getrieben aus, als müssten sie dringend irgendwohin, wieder andere gingen mit ihrem Partner spazieren und sahen diesem verliebt in die Augen. Aber diese Menschenmenge warf bei ihm nur noch mehr Fragen auf, anstatt ihm Antworten zu liefern. *Wo gehen sie hin? Worauf freuen sie sich? Sind sie wirklich glücklich?* Tom gab es nicht gern zu, aber bereits jetzt, mit seinen dreißig Jahren, war er ein Zyniker. Zumindest war er nicht glücklich und konnte sich auch nicht vorstellen, dass jemand anders es sein konnte. So funktionierte das Leben nun mal nicht.

Er ließ den Kopf langsam sinken, stütze ihn auf seine

Hände und verlor die Menschenmenge um sich herum aus dem Blick. Er befand sich inmitten vieler Leute, aber trotzdem war er irgendwie alleine. Als er gerade begann, sich selbst zu bemitleiden, vernahm er eine Stimme.

»Ach du meine Güte. Sie sind doch viel zu jung und gutaussehend, um ein so trauriges Herz zu haben«, sagte die Stimme.

Tom sah gerade so weit auf, dass er erkennen konnte, wer seine selbstmitleidigen Gedanken unterbrochen hatte. Er erblickte einen alten Mann. Aus Höflichkeit hob Tom langsam seinen Kopf, sagte aber immer noch nichts. Er musterte den alten Mann eingehend. Dieser vereinte viele Gegensätze in sich. Einerseits sah er sehr … grobschlächtig aus. Aber andererseits hatte er auch etwas Elegantes an sich. Zweifellos war er alt. Vielleicht 70. Oder 75. Seine widerspenstigen dunkelbraunen Haare und sein wilder Bart waren reif für den Friseur. Er war mittelgroß und schlank, hatte aber einen starken Bizeps und säulenförmige Unterarme, die gar nicht so recht zum restlichen Körper des alten Mannes zu passen schienen. Sein zerfurchtes Gesicht und die schwieligen Hände verliehen ihm das Aussehen eines Arbeiters. Aber die Kleidung des alten Mannes verriet den Geschmack des Kenners; es war offensichtlich, dass er seine Kleidung nicht in irgendeinem Laden von der Stange kaufte. Dieser Mann musste ein oder zwei Schneider kennen. Auf dem Kopf trug er ein teures Barett, unter dem seine struppigen Haare hervorspitzten, was ihm ein künstlerisches Aussehen verlieh. Außerdem trug er ein wunderschön gemustertes Seidenhemd, das bis zu seinen schicken Hosen reichte, sowie makellose Lederschuhe.

Der alte Mann begann wieder zu sprechen. »Ja, Sie sind traurig. Das sehe ich.« Er fragte nicht um Erlaubnis, als er sich neben Tom niederließ. Tom konnte nicht glauben, was gerade passierte. Er war immer noch völlig von seiner Einsamkeit und seiner Deprimiertheit vereinnahmt. »Aber sicherlich gibt es auch vieles, worüber Sie sich freuen könnten. Wie heißen Sie eigentlich?«

»Tom.«

»Tom? Tom … Thomas?«

»Ja, Thomas.«

»Aha, ich verstehe. Wie der Zweifler?«, sagte der alte Mann lächelnd.

»Sie hinterfragen vieles, nicht wahr? Thomas, der Zweifler! Worüber sind Sie im Zweifel, Thomas?«

Tom dachte: *Worüber ich im Zweifel bin? Das ist doch absurd. Neben mir sitzt ein verrückter Italiener.* Schließlich sagte er: »Ich weiß Ihre Anteilnahme zu schätzen, aber ich bin über gar nichts im Zweifel.«

»Entschuldige bitte, Thomas. Ich darf dich doch Thomas nennen, oder?« Tom hatte nichts dagegen, dass er ihn duzte. »Mein Verhalten kommt dir sicher aufdringlich vor, aber ich spüre so etwas intuitiv. Ich bin mittlerweile schon sehr lange auf dieser Welt und habe viel gesehen. Ich spüre, dass du zweifelst. Aber vielleicht magst du auch nur dieses Wort nicht. Anders gefragt: Was belastet dich heute, Thomas?«

Tom entschloss sich, dem alten Mann nachzugeben. Was sollte schon passieren? Schließlich konnten die Dinge nicht mehr schlimmer werden. »Lassen Sie mich überlegen. Ich bin vor Kurzem dreißig geworden und ich bin in meinem Beruf nicht annähernd dort, wo ich gerne sein würde. Mein Chef glaubt, dass ich keinerlei Karrierepotenzial habe – zumindest wirkt es so, weil er mir ständig Arbeiten aufdrückt, die sonst keiner machen will. Mein Job ist wie eine Tretmühle, die mich nie an mein Ziel bringen wird. Außerdem hat meine Freundin mich gerade verlassen, weil ich angeblich nicht genug ›Auftrieb‹ habe, wie sie es nennt. Sogar meine Eltern fragen sich, wann ich endlich damit anfangen werde, etwas aus meinem Leben zu machen. Ganz ehrlich, ich komme mir mittlerweile selbst schon völlig unnütz vor.«

Ein junges Paar kam vorbei und fragte den alten Mann, ob er ein Foto von ihnen machen könnte. Er willigte ein, und die beiden posierten rasch für ihn. Als er fertig war, gab er ihnen den Fotoapparat zurück, worauf sie hüpfend und albern lachend weiterzogen.

Der alte Mann wandte sich wieder Thomas zu. »Unnütz, ich verstehe«, sagte er. »Das klingt wirklich entmutigend. Ich verstehe, warum du sogar in dieser wunderschönen Stadt bedrückt bist. Die meisten Menschen hier – besonders die Touristen – sind glücklich.«

Er hielt inne und fragte dann: »Wie lange bist du schon in Florenz?«

»Heute ist mein dritter Tag.«

»Drei Tage. Das ist wunderbar! Und wann reist du ab?«

»Morgen früh um 6.30 Uhr.«

»Oh. Dann bleibt dir nicht mehr viel Zeit. Hast du dir schon ein paar Kunstwerke angesehen?«, fragte der alte Mann.

»Natürlich«, erwiderte Tom. »Ich habe einiges im Schnelldurchlauf besichtigt. Denn was wäre eine Reise nach Florenz, wenn man die Kunst nicht gesehen hat?«

»Du hast absolut recht, mein junger Freund. Ich selbst bin der Meinung, dass die Kunst der wichtigste Grund für einen Florenzbesuch ist. Gehe ich recht in der Annahme, dass du auch Michelangelos *David – Il Gigante,* wie er hier genannt wird – *den Riesen,* gesehen hast?«

»Ja, sicher. Er ist einer der ganz Großen, nicht wahr? Das sollte kein Wortspiel sein.«

»So ist es. Ich halte ihn sogar für den Größten. Sag mir, Thomas, was hast du vom *David* gelernt?«

»Gelernt? Hm, ich habe gar nichts *gelernt.* Ich habe ihn betrachtet. Er war riesig. Nackt. Er war großartig. Dann bin ich wieder gegangen.«

»Oje, du hast gar nichts von *Il Gigante* gelernt?« Der alte Mann sah auf seine Uhr. »Es ist ein Uhr. Komm mit! Wir haben nicht viel Zeit.« Der alte Mann erhob sich, während er das sagte.

Thomas blickte zu ihm auf. »Wohin soll ich mitkommen? Und wozu?« Er war irgendwie ganz zufrieden damit, genau an dem Platz zu sitzen, an dem er sich befand. Und jetzt wollte dieser alte Möchtegern-Weise ihn auf eine ungeplante Tour mitschleifen.

»Um *Il Gigante* zu sehen, natürlich! Man kann so viel von ihm und von Michelangelo lernen. Komm mit, dann wirst du es schon sehen.«

Okay, es ist verrückt. Aber der alte Mann hatte etwas sehr Sympathisches an sich. Er war harmlos, und abgesehen davon, was würde Tom den restlichen Nachmittag sonst schon tun, außer zu beobachten, wie die Vögel sich auf den Köpfen der Statuen niederließen?

Tom erhob sich und schnappte sich seinen Rucksack. »Okay. Ich bin dabei. Gehen wir.«

Der alte Mann strahlte über das ganze Gesicht. »Fantastisch, Thomas.« Er legte einen Arm um Tom und sagte dann etwas, das diesen verblüffte. *»Dieser Tag wird dein Leben für immer verändern.«*

Und damit machten sie sich zu *Il Gigante* auf, der sich in der Galleria dell'Accademia befand. Sie eilten raschen Schrittes durch die Stadt. *Der Alte ist sehr schnell zu Fuß!* »Entschuldigen Sie bitte, aber könnten wir etwas langsamer gehen? Mein Rucksack ist ziemlich schwer.«

Der alte Mann blickte kurz über seine Schulter zurück und sagte: »Natürlich, entschuldige. Ich kann es bloß kaum erwarten, dir *Il Gigante* noch einmal zu zeigen.« Aber sein Tempo verringerte sich kaum.

Sie gingen eine Straße entlang, überquerten eine Brücke, bogen einmal rechts und dann wieder links ab. Tom hatte nicht damit gerechnet, dass es so weit war. Der alte Mann führte ihn über einen Markt und machte dort nur eine kurze Pause, um etwas Brot von einem Händler zu kaufen, den er offensichtlich kannte. Er brach es in zwei Hälften und gab Tom eine davon. »Lass es dir schmecken!«, sagte er und eilte schon wieder weiter. Tom wäre gerne noch länger geblieben, um in dem Duft der Backwaren zu schwelgen. Das hatte ihm an Florenz am besten gefallen – der Duft von Wein, Käse, Brot und Obst. *Ich hätte mehr zu Mittag essen sollen.* Hin und wieder grüßte der alte Mann jemanden oder klopfte einem Fußgänger im Vorübergehen auf den Rücken.

Schließlich erreichten sie die Galleria dell'Accademia. Sie gingen an der Schlange vorbei und steuerten direkt auf den Eingang zu. Die Frauen an der Kasse kannten den alten Mann offenbar und winkten sie durch. Tom war vor ein paar Tagen hier gewesen. Wie er dem alten Mann gegenüber bereits erwähnt hatte, war er hierhergekommen, weil Touristen eben genau das taten, wenn sie Florenz besuchten – sie betrachteten beeindruckt den *David*. Seltsamerweise war er Tom beim letzen Mal nicht so beeindruckend vorgekommen. Doch nun war es anders. Er schien … *nicht von dieser Welt* zu sein. Es war ein seltsames Gefühl. Dieses Mal bemerkte Tom die hohe Decke, die Schönheit des Saals und den Hall, der aufgrund seiner Größe entstand. Die Menschen sprachen in Gegenwart des *David* nur wenig.

Nachdem sie die Statue eine Weile betrachtet hatten, sagte der alte Mann voller Bewunderung: »Ist er nicht wunderschön? Einfach großartig!«

»Er ist *gigantisch,* keine Frage.«

»Ja, er ist ein Riese: gute vier Meter hoch. Michelangelo benötigte 28 Monate, um ihn komplett fertigzustellen.«

Sie standen schweigend da. Tom hatte den Eindruck, dass es dem alten Mann großes Vergnügen bereitete. Er betrachtete die Statue wie ein stolzer Vater. Die ganze Situation kam Tom etwas komisch vor und er dachte sich: *Tja, jetzt sind wir im Klassenzimmer. Ich bin gespannt, wann der Unterricht beginnt.*

Nach einer ganzen Weile, die Tom wie eine Ewigkeit vorkam, begann der alte Mann wieder zu sprechen: »Thomas, fragst du dich eigentlich, warum ich dich hierher gebracht habe?«

»Ja, natürlich. Klar, der *David* ist großartig und all das und ich weiß auch, dass Michelangelo einer der größten Künstler aller Zeiten war, aber was hat das mit mir zu tun?«

»Das ist eine sehr gute Frage, Thomas, und ich habe eine Antwort darauf. Aber zuerst möchte ich dich noch etwas anderes fragen: Was weißt du über Michelangelo?«

»Nun, er war Italiener.«

Der alte Mann lachte. »Ja, das war er in der Tat.«

»Außerdem lebte er im späten 15. und frühen 16. Jahrhundert.«

»Ja. Er starb 1564. Daher ist es korrekter zu sagen, dass er bis Mitte des 16. Jahrhunderts lebte. Was weißt du noch?«

»Er war ein unglaublich beeindruckender Künstler, der malte und Skulpturen anfertigte.«

»Das ist richtig. Weißt du, was er gemalt und welche Skulpturen er geschaffen hat?«

»Ich kenne nur den *David* und die Sixtinische Kapelle. Richtig?«

»Ja, und noch vieles andere. Weißt du noch etwas über Michelangelo und *Il Gigante?*«

»Nein. Das ist so ziemlich alles.«

»Ich verstehe.« Der alte Mann dachte nach. »Dann können wir beginnen.«

»Einverstanden.« Tom hatte keine Ahnung, was jetzt folgen würde.

»Lass uns mit einer Geschichte beginnen: Eines Tages bearbeitete Michelangelo den Marmorblock, aus dem der *David* entstehen sollte. Da kam ein kleiner Junge vorbei. Der Junge fragte Michelangelo, warum er sich so abmühte und auf den Fels einschlug. Michelangelo antwortete ihm: ›Weißt du, Junge, in diesem Felsblock ist ein Engel verborgen und ich befreie ihn.‹«

Der alte Mann ließ die Erzählung wirken. »Verstehst du, worum es in der Geschichte geht, Thomas?«

Tom betrachtete den *David* und dachte nach. Als er verschiedene Möglichkeiten im Geiste durchgespielt hatte, sagte er: »Ich schätze, Michelangelo wollte damit sagen, dass er etwas Wunderschönes aus dem Marmor entstehen lassen würde.«

»Du bist auf dem richtigen Weg, Thomas. Aber das ist noch nicht alles.«

»Tatsächlich?«

»Ich werde es dir erklären. Im Prinzip hast du recht. Aber es steckt noch mehr dahinter. Es geht um Dinge, die auch etwas mit dir zu tun haben. Sie haben eine Bedeutung für dich – und eigentlich für jeden Menschen.«

»Ich bin ganz Ohr.«

»Was denken die Menschen, die dir am nächsten sind, über dich, Thomas?«

»Ich denke, sie mögen mich.« Dann korrigierte er sich. »Sie lieben mich. Aber ...« Toms Gedanken schweiften ab und er senkte seinen Blick.

»Ja?«, hakte der alte Mann nach.

»Sie halten nicht viel davon, was ich aus meinem Leben gemacht habe, oder davon, was ich tue. Und sie trauen mir auch nicht viel zu. Ich denke, sie halten mich generell für einen Versager.«

»Was genau meinst du damit?«, fragte der alte Mann.

»Sie haben nun mal eine bestimmte Vorstellung davon, was es heißt, erfolgreich zu sein, was ich tun sollte, wie viel Geld ich verdienen sollte, mit welchen Leuten ich zusammen sein sollte. Es sind alles Dinge, die ich nicht erfülle.«

»Hm, das ist sicher schmerzlich für dich.«

»Ja.« Es war in der Tat ziemlich schmerzlich. Tom hatte nicht erwartet, psychoanalysiert zu werden.

»Ich möchte dir die Geschichte dieses großen Marmorblocks erzählen. Er wurde vor Michelangelos Geburt aus dem Felsen geschnitten, um bearbeitet zu werden. Agostino di Duccio erhielt 1464 den Auftrag dazu – elf Jahre, bevor Michelangelo zur Welt kam. Aber Agostino konnte sich nicht entscheiden, was er damit tun sollte, also gab er den Auftrag wieder ab. Im Jahr 1476, als Michelangelo gerade ein Jahr alt war, beauftragte man einen anderen Künstler namens Antonio Rossellino damit, den Marmorblock zu bearbeiten. So wie Agostino konnte auch er nicht erkennen, was aus dem Marmor werden könnte. Sogar Leonardo da Vinci bot man die Bearbeitung des Marmorblocks an. Er lehnte aus zwei Gründen ab: Zum einen betrachtete er die Bildhauerei als niedere Kunstform. In dieser Hinsicht war er arrogant. Brillant, aber arrogant.« Der alte Mann verdrehte angewidert die Augen. »Und zum anderen konnte auch er nicht erkennen, was aus dem Marmorblock werden könnte. Drei Künstler – einer von ihnen einer der berühmtesten aller Zeiten – waren vor Michelangelo da und erkannten nicht, was tief in dem Marmorblock steckte. Aber Michelangelo sah den ruhenden Engel in dem Fels, der nur darauf wartete, befreit zu werden, um Florenz und die ganze Welt zu inspirieren!

Verstehst du nun, was ich dir zu erklären versuche, Thomas?«

»So ungefähr. Die anderen Männer waren alle großartig. Sie waren unglaubliche Meister auf ihrem Gebiet. Aber selbst sie konnten das Potenzial, das in dem Marmorblock steckte, nicht erkennen … Wollten Sie mir das begreiflich machen?« Tom beugte sich zur Statue vor und legte seine Hand an sein Kinn.

»Zum Teil, ja. Aber das ist noch nicht alles. Es ist richtig, dass die anderen drei nicht erkannten, was aus dem Felsen entstehen konnte. Aber Michelangelos Worte haben eine tiefere Bedeutung. Verstehst du?«

»Ich fürchte, nein.«

»In *dir* steckt ein Engel, Thomas. Eine Person voller *Schön-*

heit. Eine Person voller *Kraft.* Der *David* repräsentiert beides. Denk an den echten David – den einstigen König Israels: Er war ein sehr vielseitiger Bursche. Nicht viele Männer schreiben Gedichte, spielen Harfe, führen Krieg und töten Riesen. David ist als Mensch sowie als Statue wunderschön *und* mächtig. Jeder kann etwas von ihm lernen. Wir alle sind auf eine eigene Weise schön. Und wir sind wertvoll, so, wie wir sind. Aber wir sind auch in der Lage, erstaunliche Kräfte zu aktivieren. Wir können viel erreichen. So wie David können wir den Riesen in unserem Leben gegenübertreten und sie besiegen.« Der alte Mann sah Tom an, um zu prüfen, ob dieser ihn verstand. Er hatte das Gefühl, dass Tom langsam begriff, was er ihm sagen wollte, aber er vermutete, dass dieser immer noch zweifelte, ob er etwas Besonderes war oder außergewöhnliche Dinge erreichen konnte.

Trotz seiner Skepsis wollte Tom mehr erfahren.

»Fahren Sie fort«, sagte er.

»Bedenke, dass der Marmorblock abgelehnt wurde. Der *David* war von Anfang an darin vorhanden. Viele Menschen betrachteten den Marmorblock und sahen *nichts.* Gar nichts! Kein Potenzial. ›Der Block ist zu dünn geschnitten worden‹, sagten die meisten. Aber Michelangelo hatte die *Vision,* was aus ihm werden konnte.« Der alte Mann kam mit seiner Geschichte allmählich auf den Punkt. »Wie gut kennst du die Geschichte des echten David, Thomas?«

»Ich weiß weniger über ihn als über Michelangelo«, gab Tom grinsend zu.

»Das macht nichts. Heute wirst du mehr über ihn erfahren – *und es wird dein Leben für immer verändern.* Lass mich dir eine alte Geschichte aus dem Leben des echten David erzählen: Es gab einmal einen Propheten namens Samuel. Gott selbst hatte Samuel gesagt, dass er den nächsten König im Haus eines Mannes namens Isai finden würde. Also ging Samuel zu Isai und erzählte ihm dies. Dann bat er Isai darum, seine Söhne sehen zu dürfen. Also rief Isai alle zusammen und wies sie an, sich nebeneinander hinzustellen. Samuel ging an der Reihe entlang und lehnte einen Sohn nach dem anderen ab. Als er am Ende ankam, war er etwas verwirrt. Er fragte, ob es nicht noch andere Söhne gäbe. Isai erwiderte, dass er einen weiteren Sohn habe, dieser aber unmöglich gemeint sein könne. Er war nur ein Hirtenjunge, der die Schafe hütete. Samuel fragte Isai nach seinem Namen. Isais Antwort lautete: David. Dann ließ er nach ihm schicken, und als Samuel ihn erblickte, wusste er sofort, dass er der neue König war. Isai konnte es nicht glauben – und Davids Brüder wollten es nicht glauben. Da sagte Gott zu Samuel: ›Der Mensch sieht, was vor den Augen ist; der Herr aber sieht das Herz.‹«

»Das ist eine tolle Geschichte«, sagte Tom.

»Ja, es ist unglaublich, Thomas. Das ist die erste Wahrheit, die du erkennen musst, um der Mensch zu werden, der du gerne wärst. Egal, was du über dein jetziges Leben denkst oder was dein Vater deiner Meinung nach darüber denkt, in dir steckt ein schlafender Engel. Jeder Mensch hat die großartige Fähigkeit, sowohl König als auch Krieger zu sein, ein wertvoller und erfolgreicher Mensch – voller Schönheit und

Kraft. Wenn du das begreifst, wenn du diese Erkenntnis verinnerlichst und wirklich daran glaubst, wird sich dein Leben für immer verändern. Dein gesamtes Schicksal wird sich dir neu eröffnen.«

»Ich verstehe das Prinzip, aber wie kann ich es auf mich übertragen und daran glauben? Es gibt dafür keinerlei Anzeichen in meinem Leben.«

»Du siehst nicht weit genug, Thomas. Du musst tief in deinem Inneren danach suchen. Manchmal muss man eine Weile über diese Wahrheit nachdenken und sich jeden Tag daran erinnern, bis man sie eines Tages verinnerlicht hat. Am Ende wirst du daran glauben. Aber es gibt einen Weg, diese Überzeugung zu fördern. Daher möchte ich dich Folgendes fragen: Was kannst du gut? Jeder Mensch kann irgendetwas besonders gut. Wenn du das weißt, bekommst du eine Ahnung davon, wie dein Engel aussieht.«

»Ob Sie es glauben oder nicht, ich hatte immer eine kreative Ader. Als Kind dachte ich mir ständig irgendwelche Geschichten aus, die ich meinen Freunden und Verwandten erzählte. Ich erfand kleine Theaterstücke, schrieb Geschichten und so weiter. Ich habe das nur nie weiterverfolgt.«

»Sehr gut. Du bist kreativ. Das ist eine wunderbare Begabung. Wie setzt du diese bei deiner Arbeit ein, Thomas?«

»Das ist genau der Punkt. Ich nutze diese Fähigkeit überhaupt nicht. Ich habe Betriebswirtschaft studiert, meinen Abschluss gemacht und dann gleich bei einem Topunternehmen angefangen zu arbeiten. Ich bin in einer Abteilung tätig, die Fusionen und Firmenübernahmen prüft. Also jongliere ich mit Zahlen herum und bewerte Geschäftspläne. Dann leite ich meine Analysen nach oben weiter, wo andere Leute die Entscheidungen fällen. Ich bin ein Rädchen im Getriebe der Wirtschaft.«

Tom lehnte sich etwas zurück und stieß einen tiefen Seufzer der Verzweiflung aus … oder der Resignation.

»Wie bist du denn bei diesem Unternehmen gelandet?«

»Drei Mal dürfen Sie raten: durch meinen Vater. Er ist der Geschäftsführer eines großen Unternehmens, verdient ein paar Millionen im Jahr und fliegt im Firmenjet durch die Gegend. Er hat mich dazu gedrängt. Schon in meiner Kindheit hat er mir immer wieder eingetrichtert: ›In dieser Welt bekommst du nichts geschenkt. Du musst dir nehmen, was du willst. Um zu bekommen, was du willst, musst du Geld verdienen. Und gutes Geld verdient man in der Welt der Großunternehmen. Tom‹, sagte er, ›es gibt eine goldene Regel: Wer das große Geld hat, sagt den anderen, wo es langgeht.‹ Jahrelang habe ich tatsächlich an diese ›goldene Regel‹ geglaubt.«

»Und deshalb bist du dem Geld hinterhergejagt?«

»Ich habe mich auf einen Job in der Wirtschaft eingelassen, weil mein Vater mir immer wieder vermittelt hat, dass hier das große Geld zu machen sei. Außerdem dachte ich, es würde ihn stolz auf mich und glücklich machen.«

»Ich kenne dich nicht sehr gut, Thomas, aber ich kenne viele junge Leute, die so sind *wie* du. Du hast noch nicht erkannt, welcher Engel in dir steckt. Du musst dich erst noch von deiner äußeren Hülle befreien, damit du und auch die

Welt erkennen können, welche Schönheit darunter verborgen liegt. Du musst dein wertvolles Inneres erst noch zum Vorschein bringen. Aber bevor du das tun kannst, musst du zunächst den Engel in deinem Inneren finden.«

Tom stand schweigend da und versuchte, diese Wahrheiten zu verarbeiten. Theoretisch glaubte er daran, aber er konnte sie nicht auf sein eigenes Leben übertragen. Er hatte so viele Jahre versucht, den Vorstellungen anderer Menschen zu entsprechen, dass er daran zweifelte, sein wahres Selbst jemals unter der Oberfläche zu entdecken.

Nach einer Weile sprach der alte Mann erneut: »Du wirst die Antworten nicht an einem Nachmittag finden, Thomas. Aber ich kann dir verraten, dass der Samen dieses Gedankens in dir gesät werden kann. Mit der Zeit wird er wachsen und zu einer starken Kraft in deinem Leben werden. Die erste Lektion hast du nun bereits gelernt: Egal, was andere auch sagen mögen, in dir steckt ein Engel, der nur darauf wartet, befreit zu werden. Nach einer Weile wirst du diesen Engel entdecken und ihm erlauben, sich zu entfalten.«

»Ich wünschte, jemand würde das meinem Vater sagen«, seufzte Tom.

»Vielleicht solltest *du* das tun.«

2

FOLGE DEINER LEIDENSCHAFT

Jeder Mensch kommt in seinem Leben an einen Punkt, an dem er sich entscheiden muss, ob er seine eigenen Wünsche verwirklichen möchte oder ob er den Vorstellungen anderer Menschen entsprechen will.

Damit kommen wir zur zweiten Lektion, die du von *Il Gigante* lernen solltest, Thomas …« Gedankenversunken machte der alte Mann eine Pause.

»Und wie sieht sie aus …?«, fragte Tom.

»Stell dir vor, der *David* wäre nie geschaffen worden. Oder die Sixtinische Kapelle wäre nie gemalt worden. Zwei der größten Kunstwerke aller Zeiten, die von Menschen auf der ganzen Welt geliebt und bewundert werden.« Der alte Mann gestikulierte bei diesen Sätzen heftig, beugte sich dann näher zu Tom vor und fuhr mit leiser Stimme fort. »Hör nun gut zu, Thomas. Nichts davon wäre möglich gewesen, wenn Michelangelo den Wünschen seines Vaters entsprochen hätte.« Er drehte sich wieder um und betrachtete den *David.*

»Ich verstehe nicht, was wollen Sie damit sagen? Wie sahen die Wünsche seines Vaters aus?«

Der alte Mann holte tief Luft. »Für dich ist das genauso wichtig wie damals für Michelangelo: Michelangelos Vater hieß Lodovico. Er war ein kleinerer Beamter in Florenz, hatte außerdem einigen Grundbesitz und war recht wohlhabend, aber als er älter wurde, musste er miterleben, dass sein Besitz sich reduzierte. Er hoffte daher, dass seine Kinder dem Familiennamen wieder zu neuem Ruhm verhelfen würden. Er wünschte sich, dass sie Geld verdienten, Besitztümer erwarben und sich in den oberen Kreisen der Gesellschaft bewegten. Michelangelo sollte ein Geschäftsmann mit ein oder zwei Unternehmen werden, damit er in Florenz respektiert würde. Aber so wie du, Thomas, hatte Michelangelo andere Vorstellungen.«

»Wie alt war Michelangelo zu dieser Zeit?«

»Die Auseinandersetzung mit seinem Vater begann, als er im Alter von 13 Jahren eine Lehre bei dem bekannten Maler Domenico Ghirlandaio anfing. Lodovico war sehr erbost darüber. Es war keineswegs der Weg, den er sich für seinen Jungen gewünscht hatte. Die beiden stritten die meiste Zeit miteinander. Lodovico tat alles, was er konnte, um Michelangelo von seinem Plan abzubringen. Seiner Meinung nach war es nur etwas für die Unterschicht, sich als Künstler zu betätigen.«

»Und was passierte dann? Ich weiß zwar, wie die Geschichte ausging, aber was brachte Michelangelo dazu, seinen Weg unbeirrt weiterzuverfolgen?«

Der alte Mann wandte sich Tom zu und hob seinen linken Zeigefinger in die Höhe, um seinen Worten Nachdruck zu verleihen. »Das ist die zweite Lehre, Thomas, *und sie wird dein Leben für immer verändern.*«

Dieser Mann hat definitiv einen Hang zum Dramatischen, dachte Tom.

»Hör mir gut zu: Egal, welche Vorstellungen andere Menschen für dein Leben haben, *du solltest immer deiner eigenen Leidenschaft folgen – und* nur *deiner Leidenschaft.* Michelangelo hat das getan. Er brach mit seinem Vater und suchte sich einen Lehrer. Er wurde Ghirlandaios Lehrling und begann, seine Kunst bei ihm zu erlernen. Bald darauf – als Ghirlandaio erkannt hatte, dass Michelangelo besonders talentiert war, zog dieser ins Haus von Lorenzo de' Medici, einer *der* Medicis – den mächtigsten Leuten in Florenz. Lorenzo war ein Kunstmäzen und wurde Michelangelos Förderer. Der Junge hatte großes Glück!«

»Und was hat Loda … Lovi …«

»Lodovico.«

»Michelangelos Vater, wie hat er reagiert?«

»Er konnte nichts tun. Michelangelo ging seiner Passion nach. Erst als er als Maler anerkannt wurde, erklärte sich Lodovico widerwillig damit einverstanden. Denk einen Moment darüber nach, Thomas. Was würde geschehen, wenn du einfach mit deiner jetzigen Tätigkeit aufhören würdest und etwas tätest, das du von Herzen gerne tust, etwas, für das du eine flammende Begeisterung verspürst – wie wäre es, wenn du deiner *Leidenschaft* folgtest?«

»Mein Vater würde mir den Kopf abreißen«, entgegnete Tom resigniert.

»Nein, das würde er gewiss nicht tun. Was wäre wirklich das Problem, Thomas? Denk nach. Die Antwort liegt auf der Hand.«

»Er würde schlecht über mich denken.« Tom senkte seinen Blick, als er das sagte.

»Nach allem, was du mir erzählt hast, stimmt das wahrscheinlich. Er würde schlecht über dich denken. Und genau deshalb ist dein Engel immer noch im Marmor verborgen, anstatt sich als kriegerischer König zu erheben. Genau deshalb bist du frustriert; und genau deshalb bist du so bekümmert.«

»Aber was soll ich denn tun? Ich bin 30 Jahre alt. Mein Vater hat Unsummen in meine Ausbildung investiert, um einen Geschäftsmann aus mir zu machen. Bei allem Respekt, ich bin kein 13-jähriges Wunderkind im Italien des 15. Jahrhunderts.«

»Und bei allem Respekt, mein lieber Thomas, du bist auch nicht gerade ein großartiger Manager, oder?« *Aua,* dachte Tom. Dieser Seitenhieb hatte gesessen, aber er hinterließ nur einen kleinen Kratzer. Der alte Mann schmunzelte. »Du bist nur deshalb kein guter Manager, weil du nicht mit dem Herzen dabei bist. Du empfindest keine Leidenschaft oder Begeisterung für deine Tätigkeit. Wie du selbst gesagt hast, bist du ein kreativer Mensch. Du brauchst einen Job, bei dem du deine Kreativität zum Ausdruck bringen kannst. Wenn du ›mit Zahlen herumjonglierst‹, hast du keine Möglichkeit dazu.«

»Okay, aber trotzdem muss ich noch einmal fragen – wie soll ich es *anstellen*? Theoretisch klingt das alles schön und gut, aber wie setze ich es tatsächlich um?«

»Du kündigst. Oder du bereitest dich zumindest darauf vor, deine gegenwärtige Tätigkeit aufzugeben, und richtest dich immer stärker darauf aus, was du von Herzen gerne tun möchtest.

Du bist jung und hast keine Verpflichtungen – du hast

keine eigene Familie – daher ist es leichter für dich. Jemandem mit Kindern würde ich empfehlen, das Ganze langsamer anzugehen, aber ich würde ihn trotzdem darin bestärken, etwas zu verändern. Aber du könntest schon bald kündigen – vor allem, nachdem du ein paar weitere Lektionen darüber gelernt hast, wie du das Leben gestalten könntest, nach dem du dich so stark sehnst.«

»Ich soll meinen Job kündigen? Das ist unmöglich.«

»Ist es tatsächlich nicht möglich? Oder ist es lediglich nicht angenehm? Das ist ein großer Unterschied.«

»Okay, sprechen Sie weiter.«

»Die Welt ist voller Menschen, die nicht das tun, was sie begeistert. Die meisten Leute treiben durch das Leben wie eine Feder im Wind. Sie haben kein Ziel, das sie leidenschaftlich und energievoll verfolgen könnten. Diese Frauen und Männer leben ihr Leben in stiller Verzweiflung, wie euer Philosoph Thoreau es einmal formuliert hat. Die Zeit vergeht, und wenn ihr Tod naht, bleibt ihnen nur noch ein Gefühl des Bedauerns zurück. Aber sie können nichts mehr daran ändern. Sie haben ihr Leben vergeudet, weil sie nicht getan haben, was sie gerne wollten. Thomas, das Schlimmste, was passieren könnte, ist doch, dass dein Vater enttäuscht von dir wäre, nicht wahr?«

»Ja, ich denke, mehr würde nicht passieren. Er würde mich wahrscheinlich nicht enterben oder so etwas.«

»Ich möchte dich gerne etwas fragen: Glaubst du, dass dein Vater im Moment enttäuscht von dir ist?«

Tom schwieg lange, dann räumte er ein: »Ja, ich bin sicher, dass er enttäuscht von mir ist.« Er gab es nur ungern zu. Sein ganzes Leben lang hatte er sich bemüht, es seinem Vater recht zu machen. Dieser war so erfolgreich bei allem, was er tat, dass er Tom fast erdrückte. Sein Vater war schon in der Schule stets unter den Besten gewesen. Außerdem war er ein toller Footballspieler und brillierte in seiner Schulmannschaft. Er hatte ein Stipendium für die Eliteuniversität Harvard bekommen und anschließend noch die Harvard Business School absolviert, bevor er die Wirtschaftswelt eroberte. Tom hatte sich zwar bemüht, aber es gelang ihm nicht, den Erwartungen seines Vaters zu entsprechen. Am liebsten wäre er sofort in Tränen ausgebrochen, doch gleichzeitig fühlte er sich auf einmal befreit, denn er hatte begonnen, sich selbst gegenüber ehrlich zu sein.

»Ja, ich denke auch, dass dein Vater enttäuscht ist, Thomas. Es ist sehr wahrscheinlich. Denn du wirst nie erfolgreich sein, wenn du deinen Job nicht gerne machst. Du wirst dich stets selbst dabei sabotieren.«

»Ich weiß genau, wovon Sie sprechen. In der letzten Zeit hat es mir so vor der Arbeit gegraut, dass ich fast jeden Tag zu spät gekommen bin. Außerdem surfte ich häufig im Internet, obwohl ich dringend Berichte hätte erstellen müssen. Ich weiß, dass ich mir mit diesem Verhalten nur selbst schade, aber ich vermute, dass ein Teil von mir gegen diesen Job rebelliert, weil mein Vater wollte, dass ich ihn mache – nicht ich.«

»Es ist gut, dass du das erkennst, Thomas. Du solltest

dir über Folgendes bewusst werden: Dein Vater ist möglicherweise immer enttäuscht von dir, und du kannst wahrscheinlich nichts dagegen tun, *aber wenn du deiner Leidenschaft nicht nachgehst, wirst du immer unglücklich sein.* Allerdings gibt es eine Alternative: Du kannst die schwierige Entscheidung treffen zu kündigen, und damit beginnen, deiner Passion nachzugehen. Dein Vater wird vielleicht enttäuscht von dir sein, aber zumindest wirst du dich für deine neue Tätigkeit begeistern – und deine Begeisterung und Energie wird dich zum Erfolg führen.«

»Ich habe ohnehin keinen Einfluss darauf, was mein Vater denkt, nicht wahr?«

»Genau so ist es. Dein Vater ist auch nur ein Mensch, Thomas. Auch er war einmal ein kleiner Junge, der von seinen Eltern geprägt wurde. Sie beeinflussten ihn erheblich und genauso hat dein Vater es bei dir gemacht. Wir Menschen sind eben nicht perfekt. Wenn wir nicht aufpassen, übertragen wir viele schmerzliche Dinge auf unsere Kinder. Dein Vater ist der Meinung, Geld sei der Maßstab für Erfolg. Das stimmt nicht und du weißt das auch.

Jeder Mensch kommt in seinem Leben an einen Punkt, an dem er sich entscheiden muss, ob er seine eigenen Wünsche verwirklichen möchte oder ob er den Vorstellungen anderer Menschen entsprechen will. Es gibt stets viele Stimmen, die versuchen werden, dich zu beeinflussen. Deine Eltern werden Druck auf dich ausüben – in der Regel tun sie das mit den besten Absichten, weil sie dich lieben. Deine Geschwister werden deine Entscheidungen verurteilen und auf dich herabsehen. Freunde werden schlecht über dich denken und manche werden dir sogar ihre Freundschaft aufkündigen. Aber eine Wahrheit bleibt stets gültig: *Es ist dein Leben und nicht das der anderen.* Oder wie siehst du das?«

»Ich denke, ich habe bisher das Leben meines Vaters gelebt und nicht mein eigenes.«

»Es sieht ganz danach aus. Aber es ist nicht zu spät. Du bist erst 30 Jahre alt. Doch selbst wenn du 60 wärst – es ist nie zu spät, etwas zu verändern und für seine Leidenschaft zu leben.« Der alte Mann hielt inne, um seine Worte wirken zu lassen. Dann fuhr er fort: »Weißt du, was die schönste Ironie bei der Geschichte von Michelangelo ist, Thomas?«

»Verraten Sie es mir.«

»Lodovico machte sich am meisten Sorgen über das Geld, den Ruf und den Status, genauso wie dein Vater, und er wollte nicht, dass sein Sohn etwas tat, was man in der Regel der Unterschicht zuordnete. Aber da Michelangelo seiner Leidenschaft nachging, setzte er einen eigenen Standard, der jahrhundertelang galt. Seine Kunstwerke sind von unschätzbarem Wert. Menschen aus der ganzen Welt kommen, um sie zu sehen und voller Ehrfurcht ihre wunderbare detailgetreue Schönheit zu bestaunen. Indem Michelangelo seiner Leidenschaft folgte, war er in der Lage, genau das zu erreichen, was sein Vater sich wünschte. Er verschaffte dem Namen seiner Familie großes Ansehen. Wäre er ein florentinischer Kaufmann geworden, hätte der Name Michelangelo nie weltweiten Ruhm erlangt.«

Toms Gedanken rasten. Er fühlte sich lebendig – zumindest hatte er das Gefühl, langsam wieder zum Leben zu erwachen. Die Möglichkeit, sich mit etwas anderem als Firmenfusionen und Übernahmen zu beschäftigen, begeisterte ihn. Bisher hatte er es nie als Option in Betracht gezogen, und nun schien es, als könnte es tatsächlich Wirklichkeit werden. Die Worte des alten Mannes hallten in seinem Kopf wider.

Trotzdem hatte er noch Bedenken. Seinen Job zu kündigen war ein großer Schritt – ein spannender zwar, aber trotzdem ein sehr großer Schritt. Er dachte darüber nach, dass Michelangelo ein Lehrling von Ghirlandaio geworden war, und erkannte, dass auch er einen Mentor benötigen würde, der ihm half, sein Leben zu verändern – möglicherweise einen Mentor, der seine Arbeitskraft gut brauchen konnte. Auf diese Weise ließe es sich vielleicht eher realisieren, einen neuen Weg einzuschlagen. Tom begann, über kreative Berufsmöglichkeiten nachzudenken, die für ihn infrage kamen. Und er erinnerte sich an Freunde und Bekannte, die diesen Schritt schon gemacht hatten, vor allem an diejenigen, die möglicherweise bereit waren, ihn zu unterstützen und auf seinem Weg zu begleiten.

»*Dieser Tag wird dein Leben für immer verändern.*« Tom begann allmählich zu glauben, dass der alte Mann vielleicht, nur vielleicht, recht haben könnte. Konnte eine Zufallsbegegnung auf einer Parkbank in einem Land, das auf der anderen Seite des Atlantiks lag, zu einem Wendepunkt in seinem Leben werden? Tom sah auf seine Armbanduhr. Es war drei Uhr. Sie standen bereits seit knapp zwei Stunden vor dem

David. Es kam Tom erst wie ein paar Minuten vor und nun wollte er in der verbleibenden Zeit so viel wie möglich von dem alten Mann lernen.

»Okay«, sagte Tom. »Ich denke, ich habe die ersten beiden Lehren verstanden. Wie sieht die nächste aus?«

»Du bist ein guter Schüler, Thomas. Du lernst schnell, wenn du dich auf etwas konzentrierst. Der eigentliche Test kommt allerdings erst später. Denn dann geht es darum, ob du dich an diese Wahrheiten erinnerst und sie auch umsetzen kannst.«

»Keine Angst, das werde ich. Was kommt also als Nächstes?«

3

VERTRAUE DEINEN STÄRKEN

Wenn du erfolgreich sein willst, musst du Selbstvertrauen in den Dingen finden, die du gut kannst, und diese verfolgen.

»Es ist an der Zeit, *Il Gigante* etwas genauer zu betrachten«, sagte der alte Mann und trat näher an die Statue heran. »Ich werde dir hier noch ein paar weitere Lehren vermitteln und danach möchte ich dich gerne an einen anderen Ort mitnehmen.«

Tom folgte dem alten Mann, bis sie genau vor dem *David* standen. Er staunte über dessen Größe. Als er das erste Mal hier gewesen war, um ihn zu betrachten, war er nicht so nahe an ihn herangetreten.

»Was beinhaltet die nächste Lehre also?«, fragte Tom.

»Was siehst du vor dir, Thomas?«

»Ich sehe … eine Statue.«

»Gut beobachtet«, witzelte der alte Mann. »Ich werde meine Frage präzisieren: In welcher Gemütsverfassung befindet sich der *David*?«

»In welcher Gemütsverfassung?«

»Ja, wonach sieht es aus?«

Tom dachte nach. »Können Sie mir etwas auf die Sprünge helfen?«, fragte er.

»Gerne. Zu welchem Zeitpunkt des Kampfes mit Goliath ist die Statue dargestellt?«

»Ich weiß es nicht.«

»Davor oder danach?«, fragte der alte Mann weiter, um Tom auf die Sprünge zu helfen.

Tom betrachtete den *David* genauer. Die Steinschleuder hatte er über seine Schulter geworfen, den Stein hielt er in der Hand. Er betrachtete etwas – den Goliath – zu seiner Linken. Konzentriert runzelte Tom die Stirn. Es war offensichtlich. »Davor, man sieht ihn kurz vor dem Kampf.«

»So ist es.«

»Okay. Und warum ist das wichtig?«

»Ich gebe dir noch etwas Nachhilfe in Kunstgeschichte, Thomas. Traditionell stellten Skulpturen den David unmittelbar *nach* dem Kampf dar. In der Regel lag Goliaths abgetrennter Kopf zu Davids Füßen. Michelangelo zeigte den David bewusst, *bevor* dieser den Riesen tötete. Er tat dies aufgrund der politischen Situation zu der Zeit, in der er die Statue anfertigte. Italien war nicht vereint. Es bestand aus zahlreichen Lehen und Städten, wie zum Beispiel Florenz, die ständig Angriffe feindlicher Armeen befürchten mussten. Statuen in dieser Zeit wurden natürlich aufgrund ihrer Schönheit angefertigt. Aber sie vermittelten auch auf eine beeindruckende Weise politische Botschaften. Die Statue des *David* sollte an einem bedeutenden Platz, vor dem Palazzo Vecchio, aufgestellt werden, um den Bewohnern von Florenz und jedem, der mit dem Gedanken spielte, die Stadt anzugreifen, eine Botschaft vermitteln. Deshalb habe ich dich gefragt, in welcher Gemütsverfassung der David hier dargestellt ist. Was meinst du angesichts dieser neuen Informationen, was sollte der David wohl zum Ausdruck bringen?«

Tom starrte den *David* angestrengt an. Er kam nicht darauf. »Ich weiß es wirklich nicht.«

»Bevor er mit der Steinschleuder auf ihn zielte, sagte David Folgendes zu Goliath: ›Ich werde dich niederstrecken und dir den Kopf abtrennen. Und ich werde die Leichname des Heers der Philister noch heute den Vögeln des Himmels und den wilden Tieren der Erde zum Fraß vorwerfen.‹ Angesichts dieser Worte Davids gegenüber dem mächtigen Riesen, was meinst du, empfand der David wohl?«

Tom betrachtete die Miene Davids. Jetzt glaubte er, die Antwort zu kennen. »Zuversicht. Er war voller Zuversicht.«

»Du machst Fortschritte, Thomas. Denn genau so ist es. Michelangelo wollte Davids Zuversicht darstellen. Die Zuversicht, die dieser vor dem Kampf empfand, war genau die gleiche Zuversicht, die Florenz gegenüber denjenigen zum Ausdruck bringen sollte, die es einnehmen wollten. Florenz sollte ihnen entgegenschmettern ›Wenn ihr angreift, werdet ihr sterben.‹«

»Bei dieser Lehre geht es also um die Zuversicht?«, fragte Tom.

»Bei dieser Lehre geht es um Folgendes: Wenn man seine Ziele im Leben erreichen will, muss man zuversichtlich sein. Das bedeutet auch, dass man seine Passionen auslebt, seine Fähigkeiten und Stärken nutzt und Selbstbewusstsein *ausstrahlt*.«

»Aber was ist, wenn man kein Selbstvertrauen hat, wenn man nicht an sich glaubt?«, fragte Tom.

»Man sollte an die Dinge glauben, die man gut kann. Es gibt zum Beispiel vieles, was ich nicht gut kann. Aber es gibt auch einige Dinge, die ich meisterhaft beherrsche. Und auf diese Fähigkeiten baue ich. Die Lehre lautet: Wenn du erfolgreich sein willst, musst du Selbstvertrauen in den Dingen finden, die du gut kannst, und diese verfolgen. So wie es der *David* den Besuchern von Florenz seit vielen Jahrhunderten zeigt, *besteht das Geheimnis darin, dass auch du bei allem, was du tust, voller Zuversicht bist.*«

»Aber wie gelingt mir das?«

»Wenn du wieder zu Hause bist, solltest du dir für eine Weile eine Arbeit suchen, bei der du deine Fähigkeiten und Stärken einsetzen kannst. Obwohl ich dich erst seit Kurzem kenne, weiß ich, dass du viele Stärken hast. Du bist offen für Veränderungen und Ratschläge. Du bist ein guter Schüler. Du bist begierig darauf, etwas Neues zu lernen. Wenn du dir einen Job suchst, bei dem du diese Stärken nutzen kannst, wirst du mehr Selbstvertrauen entwickeln und zuversichtlicher werden. Im Moment hast du kein Selbstvertrauen, weil du deine Arbeit nicht wirklich gut beherrschst. Jeden Tag wirst du bewusst oder unbewusst daran erinnert, dass du das, womit du die meiste Zeit deines Tages verbringst, nicht gut kannst. Aus diesem Gefühl heraus entstehen Zweifel, Angst und letztlich Verzweiflung. Man muss seine eigenen Stärken und Begabungen zum Einsatz bringen. Auf diese Weise entwickelt man Selbstvertrauen.«

»Alles klar, ich verstehe.«

»Gut, dann können wir also zur nächsten Lektion übergehen?«

»Von mir aus sehr gerne«, antwortete Tom begeistert. Ihm gefiel seine Rolle als Schüler im Klassenzimmer des alten Mannes.

4

DIE SCHÖNHEIT LIEGT IM DETAIL

Die größten Meister – diejenigen, die ungemein erfolgreich sind und Maßstäbe für andere setzen – sind diejenigen, die die Details meistern.

Fahren wir also fort. Ich möchte dich nun auf einen weiteren Aspekt beim *David* aufmerksam machen. Geh, so oft es nötig ist, um die Statue herum und denk dabei über Folgendes nach: Michelangelos *David* ist die berühmteste Statue des David. Möglicherweise ist sie die berühmteste Statue, die jemals auf der Welt geschaffen wurde. Kannst du mir sagen, warum gerade diese Statue – unter den zahlreichen Davids – als die schönste gilt? Was verleiht diesem *David* seine Schönheit? Geh nun einfach um ihn herum. Betrachte ihn und lass die Antwort auf dich zukommen. Wenn du die Antwort findest, wirst du automatisch die vierte Lehre für ein erfolgreiches Leben begreifen.« Tom zögerte. »Geh los«, drängte ihn der alte Mann.

Tom nahm sich fast zehn Minuten Zeit, um den *David* aus jedem Blickwinkel eingehend zu betrachten. Er machte jeweils ein paar Schritte, blieb dann stehen und sah die Statue ein paar Minuten lang an, dann ging er wieder ein paar Schritte weiter. Schließlich kehrte er zu dem alten Mann zurück. In diesem Moment kam ein Museumswärter auf sie zu.

Offensichtlich kannte er den alten Mann. »Ein neuer Schüler?«, fragte er ihn.

»Ja, ein sehr guter sogar.«

Der Museumswärter trat nah an Tom heran. »Passen Sie gut auf. Wahrscheinlich wissen Sie es noch nicht, aber dieser alte Mann hat mehr Leuten geholfen, als Sie es sich vorstellen können. Seit Jahrzehnten nimmt er Menschen mit hierher, jeweils einen nach dem anderen. Sicher hat er Ihnen gesagt *›Heute wird sich Ihr Leben für immer verändern‹*. Sie werden bald merken, dass es stimmt.«

Dann wandte sich der Museumswärter wieder dem alten Mann zu. »Tun Sie weiterhin Ihr gutes Werk. Helfen Sie ihm, auf die richtige Spur zu kommen.«

Und damit verabschiedete er sich wieder, um seinen Kontrollgang fortzusetzen.

»Auf Wiedersehen«, sagte der alte Mann, als der Wärter sich entfernte.

Dann konzentrierte er sich wieder auf seine Aufgabe.

»Na, Thomas, zu welchem Ergebnis bist du nach deiner eingehenden Betrachtung von *Il Gigante* gekommen?«

Tom starrte den *David* an. »Ich komme einfach nicht darauf. Es tut mir leid. Irgendetwas entgeht meiner Aufmerksamkeit.« Er sah den alten Mann fragend an.

»Was ist es?«

Der alte Mann schmunzelte. »So schnell verrate ich dir die Antwort nicht. Ich möchte dir vielmehr eine Frage stellen: Wie realistisch findest du *Il Gigante*?«

»Er ist sehr realistisch. Er sieht aus wie ein echter Mensch. Ist das die Antwort?«

»Es ist der erste Teil davon. Es gibt viele Statuen, die aus der Entfernung sehr echt aussehen. Aber wenn man näher herankommt, erkennt man, dass sie aus Marmor bestehen. Sie wirken dann nicht mehr so echt. Betrachte die Statue nun erneut. Sieh ganz genau hin. Überprüfe, wie exakt sie einem Menschen nachgebildet ist. Geh noch einmal um die Statue herum«, sagte der alte Mann und machte eine auffordernde Handbewegung.

Als Tom den *David* erneut umrundet hatte, fragte ihn der alte Mann: »Zu welcher Antwort kommst du nun, Thomas?«

»Er wirkt ausgesprochen real.«

»Tatsächlich? In welcher Hinsicht? Sag mir, was du siehst.«

»Die Zehen. Die Beinmuskeln. Die Sehnen. Die Venen. Sein Bauch und sein Brustkorb. Seine Schultern und Arme sehen genauso aus wie die eines echten Mannes. Sein Kinn, seine Augen und die Stirn. Und sein Haar. Alles wirkt unglaublich realistisch.«

»So ist es, Thomas. Genau das unterscheidet Michelangelo von allen anderen. Es sind die *Details.*«

»Bei dieser Lektion geht es um die Details?«, fragte Thomas.

»So ziemlich. Die Lehre lautet: *Die Schönheit liegt im Detail.*«

»Ich verstehe … fahren Sie fort«, sagte Tom.

»Die Menschen auf dieser Welt verrichten in ihrem Leben die unterschiedlichsten Arbeiten. Die meisten erreichen mit ihrer Arbeit ein durchschnittliches Niveau. Einige Menschen erzielen überdurchschnittlich gute Ergebnisse. Die

Meister sind jedoch diejenigen, die ihre Arbeit perfekt beherrschen und die Maßstäbe für alle anderen setzen – sie sind die Meister des Details. Michelangelos außergewöhnliche Skulptur unterscheidet sich von anderen Statuen und ist auf der ganzen Welt bekannt, weil er die Details berücksichtigte.

Bei *Il Gigante* liegt *die Schönheit im Detail.*«

»Aber wie kann ich diese Lehre für mich persönlich nutzen?«, fragte Tom.

»Das Prinzip gilt für jeden, Thomas. Egal, welche Arbeit man macht, man sollte dabei absolute Perfektion anstreben – und Perfektion erreicht man, indem man sich akribisch den Details widmet. Zu Michelangelos Zeit hatten Künstler hin und wieder die Möglichkeit, Leichen zu sezieren, um die menschliche Anatomie zu studieren. Viele behaupten heute scherzhaft, dass Michelangelo – großartig, wie er war – wahrscheinlich jemanden gekreuzigt haben musste, um eine genaue Vorstellung davon zu bekommen, wie Christus am Kreuz wohl ausgesehen hat. Natürlich stimmt das nicht. Wahr ist allerdings, dass er den menschlichen Körper tatsächlich studierte, indem er Leichen sezierte. Stundenlang untersuchte er, wie der Körper aufgebaut ist und aus wie vielen verschiedenen Elementen und Schichten er besteht. Wenn er dann den Marmor mit seinem Meißel bearbeitete, machte er lediglich sichtbar, was er beim menschlichen Körper beobachtet hatte.«

»Hm. So weit, so gut. Aber was hat das alles mit mir zu tun?«

»Bei der Lehre geht es um Folgendes, Thomas: Es ist ganz normal, dass wir nur das Nötigste tun und bestenfalls mittelmäßige Ergebnisse erzielen, wenn wir eine Arbeit haben, für die wir uns nicht begeistern und die uns keinen Spaß macht. Wenn wir dagegen etwas von Herzen gerne tun, sind wir leidenschaftlich bei der Sache. Wir können uns stundenlang damit beschäftigen und verlieren dabei schnell jegliches Zeitgefühl. Wenn wir morgens aufwachen und es gar nicht erwarten können, mit der Arbeit zu beginnen, handelt es sich um eine wahre Passion. Dann vertiefen wir uns so sehr in die Details, dass wir alles andere um uns herum vergessen. Michelangelo widmete sich seiner Arbeit mit einer solchen Leidenschaft und arbeitete daher so intensiv an den Details. Jede Statue und jedes Bild sollte so wirken, als könnten sie plötzlich zum Leben erwachen – abgesehen von ein paar Ausnahmen, die ich dir gleich erläutern werde. Wie ist es bei dir, Thomas? Vernachlässigst du die Details bei deiner Arbeit, weil du dich nicht richtig dafür begeistern kannst?«

»Nun ja, ich arbeite mit Daten und Zahlen, deshalb muss ich relativ genau sein, aber ich muss zugeben, dass ich manche Dinge etwas schleifen lasse. Es ist ohnehin schon anstrengend genug, jeden Tag zur Arbeit zu gehen. Daher fällt es mir schwer, noch mehr zu tun, als unbedingt nötig ist. Und deshalb fehlt mir auch der Sinn für die ›Schönheit des Details‹, wie Sie es nennen.«

»Aber du erkennst nun, dass alles ein Prozess ist, oder? Sobald du deine Leidenschaft erkannt und eine Arbeit gefunden hast, bei der du richtig gut bist, kannst du langfristig dein eigenes Meisterwerk erschaffen: ein erfülltes, erfolgreiches Leben. Wenn du nach Hause zurückkehrst und dir eine Arbeit suchst, die dich begeistert, wirst du nicht nur leidenschaftlich an den Details arbeiten, du wirst auch zum ersten Mal in deinem Leben *in der Lage sein,* sie zu meistern. Dann werden sich dir völlig neue Welten eröffnen. Welten, zu denen du bisher nie einen Zugang hattest.«

Tom starrte den *David* an und fasste dabei beeindruckt zusammen, was er bisher gelernt hatte: »Im Inneren jedes Menschen ist ein schlummernder Engel verborgen. Folge deiner Leidenschaft. Fördere dein Selbstvertrauen. Und schließlich – die Schönheit liegt im Detail.«

»Du bist ein ausgezeichneter Schüler. Einer der Besten, die ich je hatte.«

Thomas erinnerte sich an die Worte des Museumswärters. Es hatte bereits viele »Schüler« vor ihm gegeben. Er fragte sich, wer dieser alte Mann war und warum er seine Tage damit verbrachte, sich in der Stadt herumzutreiben und Menschen voller Selbstzweifel zu helfen.

»Bist du bereit für die nächste Lehre, Thomas?«

»Ja, natürlich. Gehen wir.« Er kehrte der Statue den Rücken zu und begann auf den Ausgang zuzugehen.

5

DIE HAND ERSCHAFFT, WAS DER GEIST ERSINNT

Unsere Welten entstehen durch das harmonische Zusammenspiel der kreativen Brillanz des Geistes und der Sorgfalt, Ausdauer und Fertigkeit der Hand.

Der alte Mann hielt Tom zurück.

»Wir gehen noch nicht sofort. Vorher habe ich noch eine weitere Lehre für dich. Weißt du noch, worauf ich als Nächstes zu sprechen kommen wollte?«

»Oja. Sie sagten, dass Michelangelo seine Statuen in der Regel lebensecht aussehen lassen wollte – allerdings mit ein paar Ausnahmen.«

»Richtig. Sieh dir *Il Gigante* noch einmal genau an. Welche beiden Körperteile sind überproportional dargestellt?«

»Der Kopf, das ist offensichtlich.«

»Und was noch?«

Tom inspizierte die Statue eingehend von oben nach unten. Dann erkannte er es. »Die Hände! Der Kopf und die Hände!« Und weil er ganz aus dem Häuschen darüber war, dass er es entdeckt hatte, wiederholte er es noch einmal. »Der Kopf und die Hände.«

»Genauso ist es, Thomas. Nun kommt die wichtige Frage: Warum sind ausgerechnet diese Körperteile größer dargestellt?«

»Ich habe keine Ahnung.«

»Ich werde es dir sagen. Zum einen gibt es einen praktischen Grund dafür, dass der Kopf so groß ist. Michelangelo wusste, dass der Kopf von *Il Gigante* circa sechs Meter vom Boden entfernt sein würde. Je weiter ein Objekt entfernt ist, desto kleiner wirkt es natürlich. Michelangelo gestaltete den Kopf so groß, damit er im Verhältnis zum restlichen Körper gut proportioniert wirkte, wenn die Betrachter vom Fuß der Statue nach oben blickten. Auch daraus lässt sich eine Lehre ableiten, allerdings nicht die wichtigste. Sie lautet, dass wir manchen Bereichen unseres Lebens eine größere Bedeutung beimessen müssen als anderen, damit ein Gleichgewicht entstehen kann. Viele Menschen sind der Meinung, sie müssten allen Dingen die gleiche Bedeutung zukommen lassen. Doch das funktioniert nicht, wenn man auf einem Gebiet besonders erfolgreich sein will. Wenn man zum Beispiel ein großer Schriftsteller sein will, muss man mehr Zeit damit verbringen, zu lesen und zu schreiben, als etwa mit fernsehen. Viele Menschen sehnen sich danach, etwas wahrlich Großartiges zu erreichen, aber nur wenige erkennen, welche Opfer damit verbunden sind. Damit kommen wir zu der wichtigeren Lehre, die Michelangelo uns durch die überproportionale Gestaltung des Kopfes und der Hände vermittelt hat.«

»Was beinhaltet sie?«, fragte Tom.

»Wusstest du, dass Michelangelo auch ein Schriftsteller war, Thomas?«

»Nein, aber es überrascht mich nicht.«

»Er hatte auch dafür ein großes Talent. In einem seiner Sonette erfahren wir etwas über seine Philosophie und bekommen einen Einblick, warum er die Hände und den Kopf von *Il Gigante* größer gestaltete, als sie eigentlich sein müssten. Er schrieb:

Des besten Künstlers herrlichsten Gedanken,
Ein einz'ger Marmor kann ihn ganz enthalten,
Doch muss, will ihn der Meister uns entfalten,
Die Hand dem Geist gehorchen ohne Wanken.

»Verstehst du diese Lehre?«

»Ich nehme an, dass sowohl der Kopf als auch die Hände wichtig sind. Sie müssen zusammenarbeiten.«

»Das ist die Grundaussage. Michelangelo wusste, dass unsere Welten – und eine Statue – durch das harmonische Zusammenspiel der kreativen Brillanz des Geistes und der Sorgfalt, Ausdauer und Fertigkeit der Hand entstehen. Die Kraft des Geistes und die sorgsame Ausführung durch die Hand müssen zusammenkommen. Das ist die fünfte und letzte Lehre an diesem Ort. *Wir lassen die Welt in unserem Geist entstehen und erschaffen sie dann mit den Händen.*«

Der alte Mann blickte auf seine Uhr. »Wir müssen bald aufbrechen, daher will ich zum Ende kommen. Thomas, du kannst alles aus deinem Leben machen, was du willst. Du kannst alles erreichen, was du dir wünschst. Aber du musst eine Verbindung zwischen deinem Kopf und deinen Händen herstellen. Verstehst du, was ich meine?«

»Hm, nicht so recht.«

»Die meisten Menschen leben in einem Zustand des Entweder-Oder. So stellen sich viele von ihnen fantastische

Dinge vor – sie *träumen* – aber es geht nie darüber hinaus. Sie leben nur in ihrer Vorstellungswelt. Und andere tun genau das Gegenteil. Sie sind sehr aktiv, denken aber zu wenig über ihr Tun nach. Sie bewegen sich zwar, kommen aber nirgendwo an. Das Geheimnis lautet: *Entwickele deine Ideen im Geist und setze diese dann mit der Hand um.* Diese beiden Dinge sind die Voraussetzung für wahren Erfolg.«

Der alte Mann deutete auf die Statue und fuhr fort: »Als David dem Goliath gegenübersteht, überlegt er, was er tun wird. Im Geiste sieht er den Riesen bereits tot zu seinen Füßen liegen und stellt sich seine gerettete Armee vor. Hätte er allerdings nicht heimlich jahrelang geübt, zahllose Steine mit der Steinschleuder auf Bäume und Tiere abzufeuern, dann hätte er diese Technik nicht genügend beherrscht und seine Hand nicht dazu gebracht, seine Vorstellung in die Tat umzusetzen. Und dann wäre die Geschichte ganz anders ausgegangen. Doch David sammelte siegessicher fünf geeignete Steine vom Boden auf, um den Riesen zu töten. Allerdings benötigte er nur einen davon, denn seine Hand war geübt darin, die Vorstellungen seines Geistes umzusetzen. Mit größter Präzision feuerte er den Stein ab und machte mit dieser Tat den ersten Schritt auf seinem Weg zum Thron. Wenn der Geist sich etwas vorstellt und die geübte Hand es ausführt, ist man auf dem besten Weg zu einem erfolgreichen Leben. Das ist die letzte Lehre, die ich dir an diesem Ort vermitteln wollte, Thomas. Sieh dir den *David* noch einmal genau an. Er war heute sehr gut zu dir.«

»Ja, das war er.«

»Lass uns gehen. Wir müssen noch einen Freund von mir besuchen, bevor wir etwas essen.«

»Wir werden etwas essen?«

»Ja, natürlich. Du isst doch normalerweise auch etwas, oder? Wir schauen bei meinem Freund vorbei, um uns mit ein paar weiteren Lehren zu befassen. Und *danach* essen wir etwas.«

6

PLANE DEINE PROJEKTE SORGFÄLTIG UND BEREITE SIE GUT VOR

Die Lehre lautet: Nichts überstürzen! Zwar sollte man schnell genug vorgehen, um seine Ziele zu erreichen, aber langsam genug, um es gleich beim ersten Mal richtig zu machen.

Bald befanden sie sich wieder auf den Straßen von Florenz. Und wieder begann der alte Mann, Tom abzuhängen. Dieses Mal jedoch siegte Toms Stolz und er sagte nichts. Stattdessen versuchte er, so gut wie möglich mit dem alten Mann Schritt zu halten. Da er den schweren Rucksack trug – und schon nach wenigen Minuten stark schwitzte – fiel es ihm sehr schwer, das Tempo zu halten. *Dieser Kerl muss früher ein italienischer Hochleistungssportler gewesen sein.*

Sie schlängelten sich durch die Menschenmenge hindurch. Tom konzentrierte sich darauf, den alten Mann nicht aus den Augen zu verlieren und gleichzeitig keine Frauen anzurempeln, die zufällig in seine Bahn gerieten. Dann blieb der alte Mann so plötzlich stehen, wie er losmarschiert war. Er drehte sich um und deutete mit seiner Hand auf die Tür einer Werkstatt in der Mitte eines Häuserblocks und sagte: »Hier wären wir, Thomas. Das ist dein neuer Unterrichtsraum.«

Der alte Mann öffnete Tom die Tür. Eine Glocke kündigte ihre Ankunft an, doch keiner der Anwesenden blickte von seiner Arbeit auf. »Nach dir«, sagte der alte Mann und Tom ging hinein. Schnell ließ er seinen Blick durch den Raum schweifen.

Ein interessanter Ort, dachte er.

In der Werkstatt befanden sich circa ein halbes Dutzend Personen, die alle völlig in ihre Arbeit vertieft schienen. Offensichtlich arbeiteten alle an Skulpturen, die sich jeweils in einem unterschiedlichen Stadium der Fertigstellung befanden.

»Arturo!«, rief der alte Mann quer durch den ganzen Raum. »Arturo! Dein alter Freund ist hier!«

Sofort trat ein Mann aus einer Tür auf der anderen Seite der Werkstatt heraus. Er war um die fünfzig, klein und stämmig und hatte ebenso kräftige Arme wie der alte Mann. »Ja, du bist es. Ich habe dich an deiner Stimme erkannt. Sag, wie lange ist es her, dass ich dich gesehen habe? Drei Wochen?« Die Männer umarmten sich und klopften sich auf die Schultern. »Und was führt dich heute hierher?« Er sah zu Tom. »Ist das ein neuer Schüler?«

Tom fragte sich allmählich, ob der alte Mann eine inoffizielle Schule für Touristen betrieb. Jeder schien über ihn und seine Schüler Bescheid zu wissen.

»Ja, ein neuer Schüler, das kann man wohl sagen. Außerdem ist er besonders klug. Ich habe ihn mitgebracht, damit er aus erster Hand erfahren kann, wie man ein Meisterwerk erschafft.«

»Nun, Sie werden heute möglicherweise kein Meisterwerk zu sehen bekommen«, sagte Arturo, »aber Sie können beobachten, wie man etwas aus kaltem, hartem Marmor herausarbeitet.«

Tom sah sich erneut um und stellte fest, dass er sich schon

auf die nächste Lektion freute. Die Werkstatt sprach seine kreative Seite an – die er so lange vernachlässigt hatte.

»Bitte stören Sie sich nicht an dem Staub. Bei diesem Handwerk lässt er sich nicht vermeiden«, sagte Arturo.

»Ein weiterer Grund, warum Leonardo etwas gegen die Bildhauerei hatte«, warf der alte Mann ein. »Er wollte sich nicht gerne schmutzig machen.«

»Tja, wir beide wissen, wie schön harte Arbeit ist, nicht wahr?«, fragte Arturo den alten Mann mit einem vielsagenden Blick.

»In der Tat, das tun wir.«

Arturo forderte sie dazu auf, sich nach Belieben in der Werkstatt umzusehen.

»Fühlt euch hier wie zu Hause und ruft mich einfach, wenn ich euch irgendwie helfen kann.«

»Ja, machen wir«, antwortete der alte Mann. Dann ging Arturo wieder an seine Arbeit.

Der alte Mann sah sich um und atmete tief ein. Tom nahm die kühle Temperatur in der Werkstatt sowie einen ganz eigenen Geruch wahr, der durch die verschiedenen Materialien und den Schweiß der vielen hart arbeitenden Bildhauer entstand. Den meisten hätte eine Dusche wahrscheinlich nicht geschadet. Überall war Staub und ständig hörte man das unaufhörliche Klopfen und Kratzen der Meißel auf dem Marmor. Alle Künstler arbeiteten sehr konzentriert, so als würden sie nach ihrem eigenen Engel suchen.

Der alte Mann ging mit Tom zum ersten Tisch. Darauf

lag ein relativ kleines Marmorstück. Es war noch nicht mit einem Meißel bearbeitet worden. Als sie dicht an den Arbeitsplatz herantraten, sagte der alte Mann: »Sieh dir dieses Stück einmal an, Thomas – so wie es dort auf dem Tisch liegt. Und sieh dir auch den ganzen Tisch an. Was erkennst du in dem Marmorstück und auf dem Tisch?«

»Nun, im Marmor sehe ich viele Linien – ich nehme an, dort werden sie gespalten. Auf dem Tisch sehe ich die Meißel, Zeichnungen und kleine Holzstatuen. Oh, und eine Tonstatue.«

»Genau. Nun kommen wir zur Bedeutung der einzelnen Elemente: Eine Statue zu erschaffen ist so, als würde man ein Leben erschaffen. Man muss planen und vorbereiten, um die Person zu werden, die man gerne sein möchte. Die meisten Menschen kümmern sich überhaupt nicht darum und machen keinerlei Pläne dafür.

Aber eine gute Planung hilft uns, etwas schon von Anfang an richtig zu machen. Wenn man mit Marmor arbeitet, hat man nicht viele Möglichkeiten, ihn zu spalten. Ein Fehler kann das ganze Stück ruinieren. Deshalb ist es unerlässlich, die eigene Arbeit genau zu planen. Siehst du die Zeichnungen dort? Kannst du erkennen, womit sie angefertigt wurden?«

»Mit Bleistift, denke ich.«

»Das stimmt. Und zwar deshalb, weil man dabei immer wieder etwas wegradieren und von vorne beginnen kann. Sobald man einen Teil des Marmors abgespalten hat, kann man es nicht mehr rückgängig machen. Es muss gleich beim ersten Mal gut gelingen. Manchmal kann man in seinem Leben zurückgehen – auch das lernst du heute. Aber du wirst feststellen, dass etwas Planung und Vorbereitung dich davor bewahren kann, frustriert zu sein und Dinge zu bereuen. Daher sollte man *immer* mit Skizzen und Zeichnungen beginnen.

Dann«, fuhr der alte Mann fort, »fertigt man eine kleine Skulptur an. Das ist der ›Testlauf‹, wie du es als Amerikaner wahrscheinlich bezeichnen würdest. Manche verwenden Holz dafür. Andere nehmen Ton und einige bearbeiten sogar Marmor. Aber das ist nicht nötig. Wichtig ist, dass man genau weiß, was man tut, bevor man den Marmor spaltet.«

»Das klingt sehr plausibel«, sagte Tom.

»Dann, und wirklich erst dann überlegt man sich, wie die Skulptur in dem ausgewählten Marmorstück herausgearbeitet werden soll. Wusstest du, wie viele Menschen nie etwas planen, Thomas? Sie träumen lediglich. Träumen alleine genügt aber nicht. Es ist ein Anfang, aber dann muss man dafür sorgen, dass der Traum realisierbar und überhaupt erstrebenswert ist.«

»Wieso erstrebenswert?«, fragte Tom.

»Denk einen Moment darüber nach, Thomas. Viele Studenten – du möglicherweise eingeschlossen – denken, dass sie sich für ein Studienfach und einen bestimmten Beruf interessieren. Sie gehen zur Universität und studieren. Dort sind ihre intellektuellen Fähigkeiten gefragt, und das ist auch wichtig. Aber dann machen sie ihren Abschluss, fangen an zu arbeiten und stellen nach einer Weile fest, dass der Job ihnen nicht gefällt. Doch an diesem Punkt denken die meisten, dass es zu spät für eine Veränderung ist. Sie haben sich bereits an ihre Arbeit gewöhnt, sie verdienen Geld, und so bleiben sie dabei und tun etwas, das ihnen keinen Spaß macht.

Viele Menschen fertigen nie eine Skizze davon an, wie ihr Leben aussehen soll. Sie modellieren keine Miniaturskulptur, mit der sie besser beurteilen könnten, ob das Kunstwerk, das sie am Ende gestalten möchten, ihren Vorstellungen entsprechen wird.«

»Ich verstehe nicht ganz, worauf Sie hinauswollen.«

»Ja, natürlich. Stell dir einen Lehrer vor, der anderen Menschen helfen möchte, indem er sie unterrichtet. Aber als er anfängt, als Lehrer zu arbeiten, erkennt er, dass Geld eine größere Rolle für ihn spielt, als er ursprünglich angenommen hat. Als Lehrer wird er nie viel Geld verdienen. Aber nun steckt er fest. Er hat nie intensiv darüber nachgedacht, dass er sich in seiner Freizeit gerne bestimmte Wünsche erfüllen würde. Jetzt hat er das Gefühl, keine Alternative zu haben, weil er bereits so viel in seine Ausbildung investiert hat oder weil er Angst davor hat, was andere über ihn denken könnten.

Oder stell dir einen jungen Menschen vor, der als Finanzmakler arbeiten möchte, aber nach ein paar Jahren in diesem Beruf feststellt, dass er aufgrund seiner Persönlichkeitsstruktur nicht mit dem enormen Druck umgehen kann, der mit diesem Job einhergeht. Wie viel mehr Spaß würden die

Menschen in ihrem Leben und bei ihrer Arbeit haben, wenn sie diese Dinge vorher planen würden, anstatt sich nur auf das Studium zu konzentrieren? Wenn sie sich zunächst die Zeit nehmen würden, tatsächlich auszuprobieren, was sie für erfüllend halten, bevor sie viel Geld in eine Ausbildung investieren, bei der sie sich lediglich theoretisches Wissen aneignen?«

»Dafür gibt es doch eigentlich Praktika. Oder helfen einem Praktika Ihrer Meinung nach bei dieser Frage nicht weiter?«

»Praktika sind auf jeden Fall sinnvoll. Aber sie vermitteln uns kein vollständiges Bild. Sie sind lediglich wie Schnappschüsse, die sich auf Details konzentrieren. Sie zeigen nicht die gesamte Realität. Und daher können wir nicht genau beurteilen, ob uns eine Arbeit Spaß machen wird, wenn wir anfangen, unseren Lebensunterhalt damit zu verdienen. Ich will es dir genauer erklären, Thomas. Hast du schon einmal ein Praktikum gemacht?«

»Ja.«

»Und hat es dir Spaß gemacht?«

»Ja, es hat mir sehr gut gefallen.«

»Entspricht deine heutige Arbeit tatsächlich dem Eindruck, den du damals gewonnen hast?

»Nein, eigentlich nicht.«

»Genau das meine ich. Viele junge Leute und sogar ältere Menschen machen zu wenige Pläne für ein Leben, das sie sich wünschen. Sie informieren sich zu wenig und treffen keine Vorbereitungen, um dieses Leben zu verwirklichen. Sie treiben durch das Leben und lassen sich vom Zufall in verschiedene Richtungen lenken. Oder sie erstellen überstürzt schlecht durchdachte Pläne, die sie dann hastig versuchen umzusetzen. Meist erkennen sie zu spät, dass sie einen schweren Fehler begangen haben. Dieser Fehler hat weitreichende Folgen für ihr Leben. Wenn man im Voraus plant, Thomas, wenn man gut plant, kann man das in der Regel vermeiden.«

»Wie lautet also die Lehre für mich? Was kann ich konkret tun?«, fragte Tom.

»Du hast heute viele Dinge gelernt und einiges über dich selbst in Erfahrung gebracht. Morgen wirst du dich wieder auf die Heimreise machen. Dein Geist und dein Herz sind frei, um sich den Dingen zu widmen, die du dir wünschst. Wahrscheinlich willst du alles sehr rasch angehen, weil du eine so große Begeisterung verspüren wirst. Das ist auch alles schön und gut. Ich ermuntere dich auch dazu, aktiv zu werden. Aber ich rate dir gleichzeitig, *nichts zu überstürzen.* Du solltest zwar schnell genug vorgehen, um dein Ziel zu erreichen, aber langsam genug, um es gleich beim ersten Mal richtig zu machen. Michelangelo hatte viele Termine, und häufig hing seine Bezahlung bei einem Auftrag davon ab, ob er rechtzeitig lieferte.«

»Es hat Vorteile, der größte Bildhauer aller Zeiten zu sein«, sagte Tom.

»Das hat es in der Tat, Thomas. Allerdings hatte Michelangelo zu seiner Zeit noch nicht den Ruf, der größte Bildhauer aller Zeiten zu sein. Er war ein Künstler, der alles genauestens plante und vorbereitete, bevor er den Marmor mit dem Meißel bearbeitete. Und das ist einer der Gründe, warum er so berühmt wurde. Plan daher, Thomas, *plane* gut!«

7

BEGINNE MIT DEM ERSTEN SCHRITT

Jedes erfolgreiche Projekt beginnt mit dem ersten Schritt. Wer nicht aktiv wird, dem bleiben nur ungenutzte Träume und gute Vorsätze.

Als der alte Mann aufhörte zu sprechen, fiel sein Blick auf einen jungen Lehrling, der anscheinend gerade im Begriff war, mit der Bearbeitung eines neuen Marmorblocks zu beginnen. »Entschuldigen Sie«, sagte der alte Mann zu dem Künstler, »Wollen Sie gerade damit anfangen?« Er deutete auf den circa einen Meter langen Marmorblock.

»So ist es«, antwortete der Künstler.

»Sehr gut. Dürfen wir Ihnen dabei zusehen?«

»Natürlich.« Der alte Mann trat näher an den Arbeitsplatz des Lehrlings heran und Tom folgte ihm.

Der junge Künstler nahm einen großen Meißel zur Hand und legte ihn sorgfältig an. Dann ließ er den Hammer mit einem raschen Schlag auf den Meißel hinunterfahren und trennte ein großes Stück des Marmorblocks ab.

»Was wird das, wenn Sie damit fertig sind?«, fragte der alte Mann.

»Es soll ein Löwe werden«, antwortete der Künstler.

»Er wird Ihnen sicher gut gelingen, und er wird wunderschön aussehen«, sagte der alte Mann, um ihn zu ermutigen. »Es wird allerdings eine ganze Menge Detailarbeit erforderlich sein. Ich hoffe, Sie beherrschen ihre Sache gut«, fügte er freundlich lächelnd hinzu.

»Ich bin ziemlich gut«, erwiderte der Künstler und lächelte zurück.

»Fahren Sie ruhig mit Ihrer Arbeit fort. Mein Freund und ich werden Sie nicht dabei stören.« Damit entfernte er sich etwas vom dem Arbeitstisch des Künstlers und zog Tom sanft am Ellenbogen mit.

»Gehen wir schon wieder?«, fragte Tom. »War das etwa alles?«

Als sie ungefähr zwei Meter entfernt standen, antwortete der alte Mann ihm. »Was du gerade gesehen hast, war eine der einfachsten, aber profundesten Lehren, die ein Mensch je begreifen kann. Viele Menschen leben in Gefängnissen aus nie verwirklichten Träumen, weil sie diese Lektion nie lernen. Weißt du, was sie beinhaltet?«

Thomas war verwirrt. Er war sich keiner einzigen tiefschürfenden Erkenntnis bewusst, die ihm durch die Beobachtung des auf den Marmor schlagenden Lehrlings zuteilgeworden wäre. »Wenn ich ganz ehrlich bin, habe ich keine Ahnung, welche profunde Lektion ich gerade dadurch gelernt haben soll, dass ich dem Künstler 20 Sekunden lang zugesehen habe. Sie werden es mir wohl erklären müssen, sonst begreife ich es nie.«

»Diese Lehre ist so einfach, dass viele Menschen sie nicht begreifen. Aber sie ist äußerst wichtig. Sie beinhaltet Folgendes, Thomas: *Jedes erfolgreiche Projekt beginnt mit dem ersten Schritt.*«

»Das ist alles?« Tom verstand es noch immer nicht.

»Denk einen Moment darüber nach, Thomas. Wie viele Menschen haben Träume, die sie tief in sich tragen?«

»Eigentlich alle, denke ich.«

»Genau. Alle! Aber wie viel Prozent der Menschen leben ihre Träume tatsächlich aus? Und wie viel Prozent *machen überhaupt den Versuch,* sie zu verwirklichen?«

»Tja, viel weniger.«

»Im Großen und Ganzen betrachtet versucht so gut wie niemand, seine Träume zu verwirklichen. Natürlich träumen die Menschen. Ich glaube sogar, dass wir Menschen die geborenen Träumer sind. Einige schmieden Pläne oder treffen gewisse Vorbereitungen. Aber nur sehr wenige *fangen je* konkret mit der Umsetzung an. Und darin liegt das Problem. Du hast heute viel gelernt, Thomas, und ich werde dir noch ein paar weitere Erkenntnisse vermitteln. Wenn du nach Hause zurückkehrst, wird dein Erfolg davon abhängen, ob du anwendest, was du hier gelernt hast, oder ob du diese Dinge als Spinnereien eines verrückten alten Mannes abtust. Aber diese Lehre beinhaltet eine elementare Wahrheit: Der junge Künstler könnte seine Skulptur wochenlang theoretisch planen und vorbereiten, aber wenn er nie Hammer und Meißel in die Hand nimmt, sie gezielt ansetzt und den Marmor damit bearbeitet, wird er nie den wunderschönen Löwen herausarbeiten, der sich zweifellos in dem Stein verbirgt. Er muss anfangen, das ist das Entscheidende. Jedes erfolgreiche Projekt beginnt mit dem ersten Schritt. Wer nicht aktiv wird, dem bleiben nur ungenutzte Träume und gute Vorsätze.«

»Und warum schaffen die meisten Menschen es nicht, den ersten Schritt zu tun?«, fragte Tom.

»Es gibt eine Reihe von Gründen. Einer ist, dass sie nie intensiv genug über ihre Träume nachdenken, um tatsächlich aktiv zu werden. Ein weiterer Grund ist, dass sie nicht planen und sich keine Strategie überlegen. Außerdem sind sie so mit ihren momentanen Aktivitäten beschäftigt, dass sie nicht damit anfangen können, ihre Träume zu verwirklichen. So könnte ein Mann zum Beispiel davon träumen, Schriftsteller zu werden. Doch er verdient 100 000 Dollar im Jahr, er hat einen Firmenwagen und durch die Firma eine attraktive Altersvorsorge. Seine Frau arbeitet nicht, seine Kinder gehen auf eine Privatschule und bekommen Klavierunterricht. Also fragt er sich, ob er tatsächlich alles hinschmeißen und seinen Traum verfolgen soll. Die Antwort lautet fast immer Nein.«

»Ja, die meisten Menschen denken so.«

»Aber der letzte Grund wiegt möglicherweise am schwersten. Die Menschen werden nämlich nicht aktiv, weil sie *Angst haben*«, sagte der alte Mann.

»Angst? Wovor?«

»Die Angst vor allem Möglichen. Die Angst vor dem Unbekannten. Wovor hast du zum Beispiel Angst? Welche Angst würde dich daran hindern, deinen Job aufzugeben und deine kreative Seite auszuleben?«

»Dass mein Vater denken würde, dass ich ein Idiot bin. Die Angst davor, dass er Recht haben könnte. Die Angst zu versagen.«

»Ich dachte mir, dass du das sagen würdest. Die Angst lähmt die meisten Menschen und daher tun sie nie den ersten Schritt. Manche Menschen haben Angst davor zu versagen. Andere befürchten, nicht mehr für ihre Familie sorgen zu können. Andere haben Angst, ihren Ruf zu verlieren. Es herrscht eine grundlegende Angst vor Veränderungen. Manche haben sogar Angst davor, *erfolgreich* zu sein.«

»Warum sollte irgendjemand Angst davor haben, erfolgreich zu sein?«, fragte Tom.

»Die Leute befürchten, dass sie ihre guten Leistungen möglicherweise nicht auf Dauer erbringen können. Zudem haben sie Angst vor der Verantwortung, die mit Macht und Wohlstand einhergehen könnte. Und schließlich befürchten sie, von einer viel höheren Position abzustürzen. Bekanntlich erzeugt ein Sturz aus einem Meter Höhe nicht so viel Angst wie ein Sturz aus zwanzig Metern.«

»Darüber habe ich noch nie nachgedacht.«

»Angst ist die lähmende Kraft, die viele Menschen daran hindert, den ersten Schritt zu tun und einfach mit etwas anzufangen. Ich möchte dir eine Frage stellen: Welches Projekt würdest du gerne in Angriff nehmen, wenn du wieder zu Hause bist?«

Tom dachte einen Moment lang nach und sagte dann: »Es ist interessant, dass Sie vorhin ausgerechnet den Klavierunterricht erwähnt haben. Ich wollte schon immer lernen, Klavier zu spielen. Es gefällt mir immer sehr, wenn jemand schöne Klaviermusik spielt.«

»Und warum hast du noch nie Unterricht genommen?«

Tom blickte überrascht drein. »Ich nehme an … dass ich Angst habe.« Er hatte das noch nie so gesehen.

»Angst wovor?«

»Angst davor, dass ich nicht begabt genug bin, um tatsächlich gut spielen zu können. Angst davor, was mein Vater von mir halten würde. Er denkt, die meisten Musiker seien Weicheier. Ich wollte mich einfach nie damit auseinandersetzen.«

»Und deshalb hast du nie damit begonnen. Da haben wir es – es ist wegen deiner *Angst.* Aber das macht nichts. Nun hast du es erkannt. Wenn du nach Hause kommst, solltest du rasch aktiv werden, um einen Anfang zu machen.«

»Und was soll ich tun?«

»Schlag das Telefonbuch auf und vereinbare einen Termin für deine erste Klavierstunde. Das ist doch einfach, oder? Ob du jemals lernen wirst, Klavier zu spielen, oder nicht, hängt allerdings von diesem einfachen Schritt ab. Du musst dich mit deinen Ängsten auseinandersetzen und sie dann überwinden.«

»Ja, ich verstehe«, sagte Tom zustimmend.

»Egal, ob es die Angst vor dem Versagen ist oder davor, zu alt zu sein, um mit etwas Neuem zu beginnen, oder auch davor, etwas zu versuchen, was noch niemand zuvor gemacht hat – die Menschen haben alle möglichen Ausreden, warum sie den ersten Schritt nicht tun. Letztlich führen alle diese Ängste dazu, dass sie nicht aktiv werden und ihre Ziele daher nicht erreichen. Stell dir vor, Michelangelo hätte sich so verhalten wie die anderen Künstler: Dann hätte er darüber nachgedacht, was er mit dem Marmorblock anfangen könnte, aber er hätte nie mit der Bearbeitung begonnen. Wer weiß, vielleicht stünde der Marmorblock noch heute irgendwo herum.« Der alte Mann machte eine Pause, um seine Ausführungen wirken zu lassen. Dann sagte er augenzwinkernd: »Außerdem hätte ich dann keine Geschichten, um dir diese Lehren zu vermitteln!«

»Es sind richtig gute Lehren«, sagte Tom. »Haben Sie noch mehr davon auf Lager?«

»Ja, ich habe noch ein paar kurze Lektionen für dich, bevor wir gehen, um uns etwas zu essen zu gönnen. Ich bekomme *wirklich* Hunger, deshalb dürfen wir nicht mehr zu lange hierbleiben.«

»Okay. Was beinhalten diese Lehren?«

8

BETRACHTE DIE PHASEN DES ABSPALTENS, DER FORMGEBUNG, DES SCHLEIFENS UND DES POLIERENS ALS ETWAS POSITIVES

Abspalten, was nicht zu uns gehört, unserem Leben eine Form geben und zulassen, dass die rauen Ecken und Kanten unseres Lebens durch widrige Umstände und Leid abgeschliffen werden. Erst dann sind wir bereit für die Politur, sodass unsere Kraft und Schönheit in all ihrer Herrlichkeit sichtbar werden.

Folge mir bitte in die Mitte des Raums«, sagte der alte Mann zu Tom. Sie gingen auf einen Punkt zu, von dem aus man den ganzen Raum überblicken konnte. »Sieh dich um. All diese Skulpturen befinden sich in einem unterschiedlichen Stadium ihres Enstehungsprozesses. Sie werden alle auf eine unterschiedliche Weise bearbeitet. Aber im Wesentlichen gibt es nur vier Phasen, die aus dem Rohmaterial das fertige Werk entstehen lassen: Man spaltet den Marmor, gibt ihm eine Form, schleift die Skulptur ab und poliert sie dann. Das ist die Hauptarbeit, die zu erledigen ist.«

»Okay ... und was bedeutet das für mich?«

»Ich betrachte auch das Leben gerne auf diese Weise. Es gibt Zeiten, in denen der Höchste Künstler bestimmte Elemente von uns abspaltet. Zu anderen Zeiten formt er uns, dann wieder schleift er uns ab oder er poliert uns. All diese Schritte sind nötig, um ein wunderbares Leben entstehen zu lassen. Es ist genau so wie bei der Erschaffung einer wunderschönen Skulptur.«

»Okay, das verstehe ich.«

»Das Problem besteht dabei nicht darin, ob die Menschen den Prozess erkennen, sondern ob sie ihn akzeptieren können. Und am wichtigsten ist, dass sie ihn als *etwas Positives* betrachten. Denn erst wenn man sich für den Prozess öffnet, nimmt man bereitwillig daran teil. Wesentlich ist also eine positive Einstellung gegenüber dem Prozess.«

»Okay. Können Sie mir die vier Schritte genauer erklären?«

»Sehr gerne. Beginnen wir mit dem Abspaltungsprozess. Jeder Mensch sollte sich von bestimmten Elementen in seinem Leben trennen. Wenn diese Elemente an uns haften bleiben, entdecken wir möglicherweise nie unseren inneren Engel. Wenn wir ein Leben voller Kraft und Schönheit entstehen lassen wollen, müssen wir all die Elemente von uns abspalten, die unser wahres Selbst verbergen. Doch die meisten Menschen setzen sich diesem Prozess nicht bereitwillig aus.«

»Warum nicht?«

»Weil er mit Leid verbunden ist. Die Menschen haben Angst vor dem Leid. Vor körperlichen Schmerzen. Vor seelischem und psychischem Leid. Wenn wir Teile von uns selbst verlieren – selbst negative Elemente, die uns daran hindern, uns weiterzuentwickeln –, verursacht das Leid. Wir haben uns gut mit unseren negativen Aspekten eingerichtet. Wir haben gelernt, sie zu kompensieren. Anstatt sie nach und nach von uns abzuspalten, vermeiden wir den Prozess. Aus diesem Grund stecken wir fest, und unser Engel kommt nie zum Vorschein.«

»Darüber muss ich wirklich mal nachdenken. Ich gehöre nämlich nicht zu denjenigen, die Veränderungen mögen, vor allem, wenn es wahrscheinlich mit Arbeit verbunden ist.

Ich weiß, was Sie mit der Angst vor Veränderungen meinen und dass wir diese gerne vermeiden. Und ich weiß, dass ich es selbst auch tue. Ich habe allerdings nie gedacht, dass ich mir damit bestimmte Chancen verbauen könnte.«

»Denk etwas darüber nach, Thomas. Es ist wichtig. Es gibt bestimmte Elemente bei dir, die abgespalten werden sollten, damit du der Mensch werden kannst, der du gerne wärst und der deiner *wahren Bestimmung* entspricht. Wenn du nicht zulässt, dass dein Äußeres bearbeitet wird, bleibt der Engel in dir für immer verborgen.«

Der alte Mann hielt nach einem weiteren Künstler Ausschau, um seinen nächsten Punkt besser erläutern zu können. Er erblickte einen und deutete auf ihn. »Siehst du den jungen Mann an dem Tisch dort, mit dem blauen Kittel?«

»Klar«, antwortete Tom.

»Er dient als Beispiel für die nächste Lehre. Siehst du, dass er gerade einen anderen Meißel verwendet als zum Entfernen großer Marmorstücke?«

»Ja.«

»Er hat den Prozess der Formgebung begonnen. Es ist anders als das grobe Abspalten. Beim Abspalten entfernt man die Teile, die nicht zur Skulptur dazugehören. Im nächsten Schritt geht es um die hohe Kunst, die Form und Schönheit des Werks langsam und behutsam herauszuarbeiten – die Details, von denen wir vorhin gesprochen haben. In diesem Stadium beginnt der Künstler, den Marmor in das Werk zu verwandeln, das am Ende entstehen soll. Auch darin ist eine Lehre enthalten.«

»Ich glaube, ich kann sie erahnen, aber verraten Sie mir, was sie beinhaltet.«

»Wenn wir uns von den Dingen trennen, die unser wahres inneres Selbst verborgen halten, müssen wir unser Leben im nächsten Schritt aktiv gestalten, damit es unseren Vorstellungen und Wünschen entspricht.«

»Und wie macht man das?«

»Dafür gibt es viele Instrumente, Thomas. Der Bildhauer hat nur wenige Werkzeuge, aber die Werkzeuge zur Gestaltung eines Lebens sind zahlreich. Wir sind das Produkt der Dinge, denen wir gestatten, unser Leben zu formen und zu beeinflussen. Alle Dinge und Menschen, mit denen wir zu tun haben, formen und modellieren die Person, zu der wir uns entwickeln. Das gilt sowohl für die Dinge, auf die wir uns bewusst einlassen, als auch für die Dinge, auf die wir uns bewusst nicht einlassen.«

»Geben Sie mir ein paar Beispiele dafür«, bat Tom.

»Lass mich mit den Dingen anfangen, auf die wir uns bewusst einlassen. An erster Stelle stehen die Menschen, mit denen wir zu tun haben. Unsere Freunde und viele Bekannte sind Menschen, die wir uns aussuchen können. Wir sollten diese Menschen weise auswählen, da sie einen großen Einfluss auf unser persönliches Wachstum haben. Wir sollten gezielt nach Menschen Ausschau halten, die uns fordern und dazu ermutigen, uns auf die bestmögliche Weise weiterzuentwickeln. Es sollte unser Ziel sein, ein Netzwerk von Menschen in unserem Umfeld zu haben, die für uns als Sprungbrett zu einem besseren Leben dienen.«

»Das leuchtet mir ein. Können Sie mir noch weitere Beispiele geben?«

»Das zweite Beispiel ist ähnlich. Es geht dabei um die Bücher, die wir lesen.«

»Die Bücher, die wir lesen?«

»Ja, Bücher sind eine Chance, sich mit den Autoren zu unterhalten. Ich stelle mir gerne vor, dass die Autoren mir ihre Ideen persönlich erzählen. Ich stelle ihnen im Geiste Fragen, und auf diese Weise kann ich mit den Autoren ›sprechen‹. So werde ich nicht durch die Begrenzungen von Zeit und Raum eingeengt. Ich kann mich mit den klügsten Köpfen anfreunden, die je auf dieser Erde waren. Ich kann sie in mein Leben einladen, um meine Gedanken zu hinterfragen. Außerdem können sie mir helfen, mein Leben zu gestalten sowie ein besserer und erfolgreicherer Mensch zu werden.«

»So habe ich das noch nie gesehen. Während meiner ganzen Schulzeit und auch an der Uni habe ich es gehasst zu lesen!«

»Ja, viele Menschen denken, es sei langweilig und Zeitverschwendung, Bücher zu lesen. Aber wenn sie es als Chance sehen würden, sich mit den Autoren hinzusetzen und etwas von ihnen zu lernen, würden sich ihnen völlig neue Ebenen des Lernens und des Wachstums eröffnen. Unsere Lehre besagt also Folgendes: Unser Leben wird in erster Linie von den Menschen geformt, mit denen wir näher zu tun haben, sowie von den Büchern, die wir lesen. Wenn wir das begreifen, sind wir bereit, unser Leben so zu gestalten, wie wir es uns wünschen. Verstehst du das?«

»Ja. Wenn ich es mir recht überlege, fallen mir nur wenige Menschen ein, die ich wirklich respektiere – und sie alle lesen. Einer von ihnen hat sogar einmal Folgendes gesagt: ›Man kann keine Führungsqualitäten entwickeln, wenn man nicht liest.‹ Sie haben mich gerade davon überzeugt, ein paar gute Bücher zu besorgen, wenn ich nach Hause komme, und mich mit einigen Leuten ›anzufreunden‹, denen ich bisher noch nicht begegnet bin – Personen, die einen besseren Menschen aus mir machen werden.«

»Das ist gut. Ich möchte dir noch einen guten Rat für das Bücherlesen geben. Ich würde dir empfehlen, die meiste Lesezeit mit den Werken von Männern und Frauen zu verbringen, die bereits vor langer Zeit hier gewesen sind.«

»Sie meinen tote Leute?«

»Nun, ich hätte sie nicht so genannt, aber genau das meine ich damit.«

»Warum?«

»Nicht wegen dieser Leute selbst, sondern weil ihre Ideen etwas Bleibendes haben müssen, wenn ihre Bücher die Menschen immer noch bewegen und ihnen helfen. Sie sind auf der Suche nach Ideen und Vorstellungen, die sich über einen langen Zeitraum bewährt haben. Du solltest daher nach *zeitlosen* Inhalten Ausschau halten, nicht nach *kurzlebigen* Strömungen oder Modeerscheinungen.«

»Ja, das leuchtet mir ein. Ich habe in der letzten Zeit nicht viele Klassiker gelesen.«

»Ab jetzt wirst du es tun«, sagte der alte Mann und sah sich nach einem weiteren Künstler an einem anderen Tisch um. Als er erblickt hatte, wonach er suchte, lenkte er Toms Aufmerksamkeit ebenfalls dorthin: »Kannst du mir sagen, was der junge Mann dort macht?«

»Es sieht so aus, als würde er den Stein abschleifen. Was stellt er dar? Einen Engel?«

»Von hier aus sieht es so aus. Und er schleift ihn in der Tat ab. Weißt du, was das Schleifen im Leben repräsentiert, Thomas?«

»Dass wir zermürbt werden?«, riet er.

»Damit kommst du der Sache schon sehr nahe. In gewisser Weise geht es darum, zermürbt zu werden. Aber es ist viel positiver als das. Der Schleifprozess repräsentiert die Zeiten in unserem Leben, in denen wir mit *scheinbar* negativen Dingen zu tun haben, die Zeiten, in denen etwas gegen uns arbeitet. Das kann sehr aufreibend sein, wenn wir es zulassen. Menschen … bestimmte Umstände und Probleme … all das schleift an uns.«

»Was soll daran positiv sein?«

»Auch hier gilt, dass die Menschen in ihrem Leben auf Bequemlichkeit aus sind. Sie versuchen, Leid und widrige Umstände zu vermeiden. Trotzdem haben fast alle bedeutenden und erfolgreichen Menschen sehr viele Schwierigkeiten und Leid erlebt. Diese Zeiten des Leids stärken uns und verleihen unserem Leben eine Bedeutung. Aufgrund dieser Belastungsproben bleiben wir bescheiden und wissen es zu schätzen, wenn wir schließlich erfolgreich sind. Diese Prüfungen bewahren uns davor, nach einfachen Antworten im Leben zu suchen – denn diese gibt es nicht. In der Bibel heißt es, dass ›die Trübsal Ausharren bewirkt, das Ausharren aber Erfahrung, die Erfahrung aber Hoffnung‹. Das ist eine sehr weise Erkenntnis. Doch die meisten Menschen vermeiden Schwierigkeiten und Leid und lernen daher nie durchzuhalten. Stattdessen lernen sie aufzugeben oder sich zu verstecken. Und darin liegt keine Kraft, nicht wahr, Thomas?«

»Nein.«

»Prüfungen, Widrigkeiten und Leid – der Abschleifungsprozess, wenn du so willst – sind allesamt wichtige Prozesse, die unserem Leben eine Form geben ... wenn wir richtig mit ihnen umgehen.«

»Was meinen Sie mit ›richtig‹?«

»Es gibt verschiedene Wege, um schwierige Zeiten gut zu bewältigen. Einer besteht darin, zu akzeptieren, dass die Prüfungen ein Teil des Lebens sind, und sie bereitwillig anzunehmen. Ein anderer Weg besteht darin, eine positive Einstellung dem Leben gegenüber zu bewahren, selbst wenn die Dinge nicht so gut laufen. Und ein dritter Weg besteht darin zu versuchen, aus schwierigen Situationen etwas über sich selbst, die Welt, das Leben und andere Menschen zu lernen. Und schließlich sollte man angesichts widriger Umstände nach neuen Möglichkeiten suchen. Jede schwierige Situation kann am Ende zu einem positiven Ergebnis führen, wenn man es bewusst anstrebt. Erfolgreichen Menschen gelingt es, widrige Umstände in Erfolge umzuwandeln. Denk auch darüber einmal nach, Thomas.

»Das werde ich ganz sicher tun.«

Der alte Mann hatte bereits eine andere Person entdeckt und machte Tom auf sie aufmerksam.

»Du kannst bestimmt erkennen, was diese junge Frau dort tut.«

»Aufgrund des Glanzes, den sie dem Marmor verleiht, nehme ich an, dass Sie vom Polieren sprechen.«

»Richtig. Die Politur – der letzte Schritt. Er repräsentiert den Teil des Lebens, den alle am liebsten sofort erreichen würden.«

»Und welcher wäre das?«

»Die Politur repräsentiert den Teil des Lebens, in dem wir gut aussehen. In dieser Phase zeigen wir der Welt, wie schön wir sind. Zu diesem Zeitpunkt ›glänzen‹ wir sozusagen. Unser Engel steht in seiner ganzen Herrlichkeit vor der Welt – sodass sie uns in all unserer Schönheit und Kraft wahrnimmt. Jedem gefallen diese Zeiten, nicht wahr?«

»Ja, es gibt in der Tat Schlimmeres.«

Der alte Mann sah Tom fragend an. Offensichtlich hatte er diese Redewendung noch nie gehört. Daher fügte Tom erklärend hinzu: »Diese Phasen übertreffen die schwierigen Zeiten bei Weitem.«

»Ja, natürlich. Die Politur ist gewiss der angenehme Teil. Sie verleiht uns den letzten Schliff. Aber unsere Lehre besagt, dass dieser Arbeitsschritt am Schluss erfolgen muss. Michelangelo hätte nichts erschaffen können, wenn er mit der Politur des Marmors begonnen hätte. Zunächst musste er Teile von ihm abspalten, ihm eine Form geben und ihn abschleifen. Erst danach konnte er mit der Politur des *Il Gi-*

gante beginnen und der Welt so dieses eindrucksvolle, wunderbare Werk hinterlassen. Das Gleiche gilt auch für das Leben, Thomas. Wir müssen denselben Prozess durchmachen: abspalten, was nicht zu uns gehört, unserem Leben eine Form geben – mithilfe der Menschen, mit denen wir uns umgeben, sowie durch die Informationen, die wir aufnehmen – und zulassen, dass die rauen Ecken und Kanten unseres Lebens durch widrige Umstände und Leid abgeschliffen werden. Erst dann sind wir bereit für die Politur, sodass unsere Kraft und Schönheit in all ihrer Herrlichkeit sichtbar werden.«

»Heißt das, wir können nicht viel erreichen, wenn wir jung sind?«

»Du sprichst eine wichtige Ausnahme bei diesem Punkt an. Du solltest nicht darauf warten, erst in deinem letzten Lebensabschnitt zu ›glänzen‹, wenngleich die meisten Menschen ihr bedeutendstes Werk zu einem späteren Zeitpunkt im Leben vollbringen. Es wird viele Zeiten in deinem Leben geben, in denen du glänzen kannst, aber der Punkt ist, dass diese Phase immer erst erreicht wird, wenn die anderen Arbeitsschritte bereits erfolgt sind.«

Tom betrachtete einen in der Nähe liegenden Marmorblock. »Woran denkst du, Thomas?«, fragte ihn der alte Mann.

»Ich bin etwas überwältigt von all diesen Informationen. Es ist alles großartig … es ist nur so viel.«

»Ich weiß, Thomas. Dein Geist wird sich daran erinnern, wenn es nötig ist. Wenn du wieder zu Hause bist, solltest du dir diese Dinge jeden Tag ins Gedächtnis rufen, damit du die Lehren nach und nach verinnerlichen und anwenden kannst.«

»Das ist eine gute Idee.«

»Ja, das ist es. Genauso wie die Idee, sich nun ums Abendessen zu kümmern! Bist du bereit für eine erstklassige italienische Mahlzeit?«

Thomas bemerkte, dass er wirklich hungrig war. »Und ob ich das bin! Ich bin sicher, Sie kennen ein hervorragendes Restaurant.«

»Ich kenne ein oder zwei Geheimtipps«, sagte der alte Mann schmunzelnd. »Gehen wir.« Und damit drehten sie sich um und gingen auf den Ausgang zu. Als sie die Tür erreichten, sah sich der alte Mann noch einmal um. »Auf Wiedersehen, Arturo, mein Freund! Wir sehen uns bald wieder!« Ohne auf eine Antwort zu warten, gingen sie hinaus.

9

MANCHMAL DAUERT ES ETWAS, BIS DER ERFOLG SICH EINSTELLT. LERNE ZUFRIEDENHEIT

Manchmal dauert es Jahre, bis der Erfolg sich einstellt. Man muss Ausdauer haben und systematisch vorgehen.

Als sie das Gebäude verließen, bog der alte Mann links ab und ging dieses Mal etwas langsamer auf dem Bürgersteig entlang. Das war Tom sehr recht. Der alte Mann schien sich auf ein entspannendes Abendessen vorzubereiten, während sie zum Restaurant schlenderten. Er war gesprächig und wies Tom auf verschiedene Sehenswürdigkeiten hin.

Nach circa zehn Minuten erreichten sie das Restaurant. Es war ein kleines Lokal mit nur zehn oder zwölf Tischen. Da es warm genug war, standen einige Tische draußen. Links von der Eingangstür war eine große Tafel angebracht, auf der die Gerichte standen. Sie blieben stehen und begannen zu lesen.

»Komm, setzen wir uns. Ich werde für uns beide bestellen«, sagte der alte Mann entschlossen. »Das heißt, wenn du damit einverstanden bist. Ich mache das ziemlich gut.«

»Natürlich. Wie Sie gerne möchten. Ich bin mit allem einverstanden.«

Der alte Mann gab einem Kellner ein Zeichen und deutete auf einen Tisch auf der kleinen Terrasse. Der Kellner nickte und Tom und der alte Mann ließen sich nieder.

Kurz darauf brachte der Kellner etwas Brot und Olivenöl. »Hätten Sie heute Abend gerne etwas Wasser?«, fragte er.

»Ja, unbedingt. Eine Flasche bitte.«

»Gerne. Haben Sie Fragen zur Speisekarte?«

»Nein, ich denke, wir kommen gut zurecht.«

»Dann bin gleich wieder bei Ihnen.«

Tom und der alte Mann lehnten sich in ihren Stühlen zurück und genossen die Wärme der untergehenden Sonne.

Als der Kellner wieder an ihren Tisch kam, fragte er: »Was hätten Sie denn heute gerne?«

»Ich bestelle für uns beide«, sagte der alte Mann.

»Wir würden gerne mit einer Karaffe Ihres roten Hausweins beginnen.«

»Ja, gerne.«

»Und zum Essen, als *Primo* … haben Sie vielleicht ein Risotto?«

»Aber natürlich.«

»Großartig. Das nehmen wir und einmal Gnocchi al formaggio. Was können Sie uns als *Secondo* empfehlen?«

»Wir haben sehr guten, frischen Heilbutt mit Spargel, in einer leichten Weinsoße.«

»Das klingt vorzüglich. Das nehmen wir. Ich hoffe, als *Piatto principale* haben Sie Lamm mit Parmesan und Eiern?«

»Ja, das haben wir.«

»Das klingt perfekt. Und natürlich hätten wir gerne etwas Obst und eine Käseplatte. Und ganz eventuell werden wir uns danach noch mit einem *Dolce* verwöhnen. Doch das werden wir später entscheiden.«

»Danke sehr«, sagte der Kellner, bevor er sie wieder allein ließ.

»Ich habe den Eindruck, Sie haben für eine ganze Kompanie bestellt«, sagte Tom.

»Eine Kompanie aus zwei Personen«, antwortete der alte Mann.

Der Kellner brachte die Karaffe mit dem Wein, und nachdem der alte Mann den Wein eingeschenkt hatte, erhob er sein Glas, um einen Toast auszusprechen. »Auf alles, was du heute gelernt hast. *Möge es dein Leben für immer verändern!*« Er stieß mit Tom an und sie tranken beide einen Schluck.

»Der Wein ist sehr gut«, sagte Tom.

»Ja, ich mag diese Trattoria sehr gerne.«

Die nächsten zehn Minuten löcherte der alte Mann Tom mit Fragen über die anderen Abschnitte seiner Reise und erfuhr eine Menge über die anderen Orte, die dieser besucht hatte. Tom erzählte zwar voller Begeisterung von seinen vielen Erlebnissen, aber trotzdem spürte er immer noch die Enttäuschung darüber, dass die anderen Orte ihm bei seiner Suche nach Antworten nicht geholfen hatten. Immerhin war er froh darüber, dass er den alten Mann gefunden hatte – oder hatte der alte Mann ihn gefunden? Jedenfalls war er dankbar für alles, was er von ihm gelernt hatte. Die Lehren waren einfach, aber sie enthielten tiefe Wahrheiten und entsprachen genau dem, was Tom in seiner gegenwärtigen Lebensphase brauchte, wenngleich er sich nicht ganz sicher war, ob er das Gelernte auch umsetzen konnte.

Bald wurde der erste Gang zu ihrem Tisch gebracht.

Tom griff beherzt zu. Er war sich nicht bewusst darüber gewesen, wie hungrig er war. Um auf seiner Reise Geld zu sparen, hatte er nicht gerade gut gegessen. Während sie auf ihr Essen warteten, war der Duft im Restaurant bereits überwältigend gewesen. Und als der Kellner ihnen nun den ersten Gang brachte, zögerte Tom nicht, sich darüber herzumachen.

»Schmeckt es dir?«, fragte der alte Mann, nachdem Tom ein paar Bissen verzehrt hatte. »Entspricht es deinem Geschmack?«

»Mmmh. Absolut!«

»Man könnte meinen, du hättest eine Woche lang nichts gegessen.«

»Wenn Sie mit Essen etwas meinen, das so gut ist wie das hier, dann stimmt das. Sogar zwei Wochen!«

»Nun, ich wünsche dir einen guten Appetit. Übrigens lade ich dich heute ein.«

»Herzlichen Dank. Ich werde es schamlos ausnutzen«, sagte Tom grinsend.

»Normalerweise lasse ich mich nicht ausnutzen, aber in diesem Fall ist es in Ordnung.« Und damit erhob der alte Mann sein Glas erneut und streckte es Tom entgegen. Tom erwiderte die Geste, und als sie miteinander anstießen, sagte der alte Mann: »Auf deinen zukünftigen Erfolg.«

»Wie lautet denn die nächste Lehre?«, fragte Tom.

»Du bist in der Tat ein wissbegieriger Schüler.«

»Nun ja, die Zeit ist knapp.«

»Gut, dann machen wir weiter. Ich möchte dich etwas

fragen, Thomas: Wo solltest du *deiner Meinung* nach im Moment beruflich stehen?«

»Nun, ich denke, ich sollte fast doppelt so viel Geld verdienen und auf der Karriereleiter mindestens zwei Stufen höher stehen, als es momentan bei mir der Fall ist.«

»Tatsächlich?«

»Ja, warum?«

»Das scheint mir unangemessen zu sein.«

»Warum ist das unangemessen? Ich lese ständig etwas über Leute in meinem Alter, die viel schneller aufgestiegen sind als ich.«

»Es ist aus zwei Gründen unangemessen. Zum einen hast du festgestellt, dass dich dein jetziger Job nicht begeistert. Wie sollst du Spitzenleistungen erbringen, wenn dir der Job keinen Spaß macht? Zum anderen hast du unrealistische Erwartungen an dich selbst. Das führt uns zu einem weiteren Punkt, den ich ansprechen muss. Natürlich konzentrieren die Medien sich auf die Super-Erfolgreichen. Aber hast du dich schon einmal gefragt, wie viel Prozent der Gesamtbevölkerung das sind? Wie viel Prozent der Dreißigjährigen wie du sind Geschäftsführer von Unternehmen und verdienen Spitzengehälter?« Er machte eine kurze Pause und fuhr dann fort. »Der Prozentsatz ist verschwindend gering. Natürlich müssen die Medien über diese Leute berichten. Ein Zeitschriftenartikel über einen Dreißigjährigen, der ein Durchschnittsgehalt bekommt und auf der Karriereleiter feststeckt, wird die Menschen kaum interessieren.«

»Das stimmt.«

»Die Lehre lautet daher: *Manchmal dauert es Jahre, bis der Erfolg sich einstellt. Il Gigante* ist über vier Meter hoch. Wie bereits erwähnt, benötigte Michelangelo 28 Monate, um die Statue fertigzustellen. Das sind weniger als 15 Zentimeter pro *Monat* beziehungsweise weniger als vier Zentimeter pro *Woche*. Michelangelos erfolgreiche Fertigstellung des *David* war ein langsamer Prozess, egal, wie man es betrachtet. Doch der Künstler wusste, dass es sich lohnte, so viel Zeit und Geduld zu investieren und auf die Vollendung zu warten. Das Leben ist genauso. Manchmal dauert es eben Jahre, bis der Erfolg sich einstellt. Man muss Ausdauer haben und systematisch vorgehen.«

»Aber …«, warf Tom ein.

»Da gibt es kein Aber, Thomas! Ich verstehe dich, aber ich muss dir sagen, dass du dir zu viel Druck machst, erfolgreich zu sein. Du glaubst, dass du schon viel weiter gekommen sein müsstest. Doch das stimmt einfach nicht.«

»Aber das Leben ist kurz. Man muss es nutzen, so lange man kann«, entgegnete Tom.

Der Kellner servierte schweigend den nächsten Gang und tat dies während des restlichen Abends auch weiterhin. Der alte Mann wartete, bis der Kellner sich wieder vom Tisch entfernt hatte, und sprach dann weiter.

»Ja, das Leben ist kurz. Bedenke, dass du mit einem alten Mann sprichst. Ich bin älter, als du es dir überhaupt vorstellen könntest, und trotzdem weiß ich, dass man sich im Leben in einem angemessenen Tempo bewegen muss. Es gibt verschiedene Phasen. In einer Lebensphase baut man sich ein

Haus, in einem anderen Lebensabschnitt wohnt man darin. Es gibt eine Jahreszeit, in der man die Feldfrüchte anbaut und eine Jahreszeit, in der man sie erntet und verzehrt. Es gibt verschiedene Jahreszeiten im Leben, Thomas, und für dich ist immer noch Frühling. Bevor du dich versiehst, wirst du im Winter angekommen sein. Und wenn es so weit ist, wirst du dich wahrscheinlich nach deiner Jugend zurücksehnen. Wenn wir uns in einer frühen Lebensphase befinden, sehnen wir uns nach den späteren Phasen. Und je weiter wir in den späten Lebensabschnitten voranschreiten, desto stärker sehnen wir uns nach den früheren Zeiten. Wichtig ist, jede Phase vom Anfang bis zum Ende zu genießen und zu begreifen, dass der Erfolg seine Zeit braucht.«

»Was soll ich also tun?«, fragte Tom.

»Auch hier solltest du zunächst herausfinden, wofür du dich begeisterst. Was machst du gerne? Welche Arbeit macht dir Spaß? Das ist das Entscheidende. Menschen, die sich für etwas begeistern, heben die Welt aus den Angeln und bewegen etwas. Wenn du erkannt hast, wofür du dich begeisterst, solltest du dir Zeit geben.«

»Sie betonen das immer wieder, aber warum muss es so lange dauern?«

»So ist nun mal das Leben, Thomas. Es gibt zwar Ausnahmen, aber bei den meisten Menschen entwickelt sich das Leben – beziehungsweise die Karriere – allmählich und Schritt für Schritt. Jeder Abschnitt ist eine Testphase. Erst wenn wir jeden Abschnitt gemeistert haben, erhalten wir die Chance, einen Schritt nach vorne zu machen. Es dauert seine Zeit, um eine Basis für unseren späteren Erfolg zu schaffen und uns die Fertigkeiten anzueignen, die wir für unsere zukünftigen Aufgaben benötigen. Währenddessen sollten wir uns voller Begeisterung auf die Dinge konzentrieren, die wir von Herzen gerne tun. So bereiten wir uns auf die tolle Zeit vor, die noch vor uns liegt.«

»Okay. Aber wie kann ich meine Einstellung zu meiner momentanen Position im Leben verändern?«

»Das ist eine gute Frage. Ich werde mein Bestes tun, um sie zu beantworten. Der menschliche Geist ist faszinierend, Thomas. Er ist ein unglaubliches Kunstwerk. Aufgrund des beeindruckenden Potenzials unseres Geistes sind wir in der Lage, selbst zu beeinflussen, wer wir sein werden und woran wir glauben.«

»Und wie schaffen wir das?«

»Es hängt davon ab, worüber wir nachdenken. Das Geheimnis ist, dass uns die Dinge beschäftigen, über die wir häufig nachdenken. Wenn wir daran denken, wie schwer alles im Leben ist, dann neigen wir generell dazu, uns darüber Sorgen zu machen, wie schwierig alles ist. Wenn wir uns darauf ausrichten, dankbar zu sein – für unser Leben und alles, was wir haben –, wird unser Denken vorwiegend von Dankbarkeit geprägt sein.«

»Okay. Und wie lässt sich das nun auf mich und die Tatsache übertragen, dass ich unzufrieden mit dem bin, was ich bisher erreicht habe?«

»Glaubst du etwa, Michelangelo hat jeden Tag, nachdem er einen weiteren Abschnitt seines *David* fertiggestellt hatte, zu sich selbst gesagt ›Ich werde ihn nie vollenden. Ich müsste mit der Arbeit schon viel weiter sein‹? Oder war er sich vielmehr stets darüber bewusst, dass er sein Meisterwerk Schritt für Schritt vollenden und dieses Ziel früh genug erreichen würde?«

»Das klingt plausibel. Was soll ich also denken?«

»Was meinst *du* denn, was du denken solltest?«

»Dass ich meine gegenwärtige Lebenssituation genießen sollte. Dass ich mir die Zeit nehmen sollte zu lernen, was ich für den nächsten Lebensabschnitt benötige. Dass ich diesen nächsten Abschnitt bald erreichen werde. Ist das ein guter Anfang?«

»Ich könnte mir keinen besseren vorstellen. Wenn du nach Hause kommst, solltest du dir diese Dinge jeden Tag in Erinnerung rufen. Nimm dir täglich etwas Zeit dafür, dir diese Erkenntnisse bewusst zu machen. Wenn du das tust, wirst du deine Gedanken allmählich in die Gedanken verwandeln, die du dir wünschst.«

10

NIEMAND BEGINNT MIT DER SIXTINISCHEN KAPELLE

Lebe dein Leben und verrichte deine Arbeit auf meisterhafte Weise, dann werden die Chancen von alleine auf dich zukommen. Die Menschen können und werden herausragende Leistungen nicht ignorieren.

Die nächste Lehre ist meine letzte – sie ähnelt derjenigen, über die wir gerade gesprochen haben, und sie lautet: *Niemand beginnt mit der Sixtinischen Kapelle.*«

»Das ist ein toller Titel.«

»Vielen Dank«, sagte der alte Mann augenzwinkernd. »Ich möchte dir erklären, was ich damit meine. Viele junge Leute – aber auch ältere Menschen –, die ein neues Projekt beginnen, setzen sich schon in der Anfangsphase unter Druck, um großartige Erfolge zu erzielen.«

»Sollten Sie das denn nicht?«

»Das Leben funktioniert so nicht, Thomas. Theoretisch sollte es zwar so laufen, aber in der Realität … geschieht das nur sehr selten. Ich möchte dir ein Beispiel aus dem Leben Michelangelos geben. Er ist zwar als Maler der Sixtinischen Kapelle bekannt, aber er hat natürlich nicht damit angefangen. Davor hatte er im Laufe mehrerer Jahre drei Werke geschaffen. Mit jedem dieser Werke kam er der absoluten Vollendung Schritt für Schritt näher und erreichte schließlich mit der Sixtinischen Kapelle den Höhepunkt. Als Michelangelo 17 Jahre alt war, vollendete er ein Marmorrelief mit dem Titel *Kentaurenkampf*. Damit machte er sich sozusagen einen Namen. Es wäre für jeden Künstler ein phänomenales Werk gewesen, aber die Tatsache, dass es von einem Siebzehnjährigen stammte, war besonders beeindruckend. Michelangelo hatte also bereits als junger Mann etwas erreicht. Aber es sollte natürlich noch mehr folgen.«

»Was war seine nächste Großtat?«

»Seine nächste ›Großtat‹ war meiner Meinung nach nicht nur sein beeindruckendstes Werk, sondern die großartigste Skulptur, die je erschaffen wurde.«

»Tatsächlich? Um welche handelt es sich?«

»Es ist die *Pietà*. Kennst du diese Skulptur?«

»Hm. Der Name kommt mir irgendwie bekannt vor.«

»Für manche Menschen haben zwei andere Statuen Michelangelos eine größere Bedeutung, und natürlich sind sie beide sehr gut, aber für mich ist die *Pietà* sein zweitwichtigstes Werk.«

»Welches waren die anderen beiden?«

»Ach ja. Das erste war der *Heilige Proculus*. Das zweite der *Bacchus*. Beide sind wunderbar gemacht, aber die *Pietà* …« Der alte Mann schloss seine Augen und stellte sich die Skulptur offensichtlich in all ihrer Schönheit vor.

»So großartig ist sie also, hm?«

Der alte Mann öffnete seine Augen. »Die *Pietà* ist einfach umwerfend. Warst du im Petersdom in Rom?«

»Nein, den habe ich ausgelassen.«

»Das ist bedauerlich. Du musst irgendwann noch einmal wiederkommen und am besten noch jemanden mitbringen. Man sollte die *Pietà* unbedingt gesehen haben.«

»Sie machen mich sehr neugierig. Was stellt die Skulptur dar?«

»Die *Pietà* ist atemberaubend schön. Ich kann sie kaum beschreiben, dabei kenne ich sie so gut wie kein anderer. Nichts, was ich sage, würde der Schönheit des Werks gerecht werden. Es ist eine Skulptur von Maria. Sie sitzt mit dem toten Christus auf ihrem Schoß da. Sie blickt zu ihrem toten Sohn hinunter. Es ist bewegend, beunruhigend, es verfolgt einen … und trotzdem ist es inspirierend. Du musst sie unbedingt eines Tages sehen, Thomas.«

»Nun, das werde ich bestimmt. So, wie Sie die Skulptur beschreiben, wünschte ich, ich könnte gleich noch einmal zurückfahren.«

Der alte Mann kehrte wieder zum ursprünglichen Thema zurück. »Kommen wir zur Nummer drei. Kannst du dir vorstellen, um welches Werk es sich dabei handelt?«

»Es muss der *David* sein.« Tom formulierte diesen Satz nicht als Frage, sondern als Feststellung.

»Das ist richtig. Und natürlich war die Nummer vier die Sixtinische Kapelle, das beeindruckendste Gemälde, das je erschaffen wurde. Meiner Meinung nach ist es besser als irgendetwas von Leonardo. Wir können aus dieser Geschichte einige wichtige Lehren ableiten, Thomas.«

»Und wie lauten sie?«

»Wie ich bereits sagte: *Niemand beginnt mit der Sixtinischen Kapelle.* Die meisten Menschen können ihre Meisterwerke erst erschaffen, wenn sie bestimmte Entwicklungsprozesse durchgemacht und aus ihren Erfahrungen gelernt haben.

Natürlich gibt es ein paar Ausnahmen, aber das Lebenswerk der allermeisten Menschen ist ein fortdauernder Wachstums- und Entwicklungsprozess.«

»Was meinen Sie mit ›Entwicklungsprozess‹?«

»Junge Leute können zwar wunderbare Arbeit leisten – sie sind mit so viel Energie und Elan bei der Sache – aber sie müssen noch verschiedene Lebenserfahrungen sammeln. Sie müssen sich gewisse Fähigkeiten aneignen und jede Lebensphase meistern, um den jeweils nächsten Abschnitt in Angriff nehmen zu können. Sie müssen Menschen kennenlernen, die ihnen die Türen öffnen und ihnen helfen, ihre wunderbare, energievolle Arbeit zu leisten. Viele junge Leute, und ich denke, du gehörst auch dazu, sind zu ungeduldig, um entspannt zuzusehen, wie sich ihr Leben entfaltet. Du wirst bald die Kürze des Lebens erkennen, Thomas. Doch darin ist noch eine weitere Lehre enthalten.«

»Und was beinhaltet sie?«

»Versuche stets, hervorragende Leistungen zu erbringen, egal, wie deine Arbeit aussieht. Spitzenleistungen werden dir viele Türen öffnen und dir ungeahnte Möglichkeiten bieten. Viele junge Leute wollen Chancen bekommen, aber sie sollten sich über das folgende ewig gültige Geheimnis klar werden: Lebe dein Leben und verrichte deine Arbeit auf meisterhafte Weise, dann werden die Chancen von alleine auf dich zukommen. Die Menschen können und werden herausragende Leistungen nicht ignorieren.«

»Aber wie schaffe ich das? Wie kann ich das konkret umsetzen?«

»Zunächst musst du im Moment leben. Natürlich sollten wir auch träumen. Wir sollten Visionen darüber entwickeln, was vor uns liegt. Aber wir gelangen nicht durch unsere Träume dorthin, sondern durch die guten Leistungen, die wir Tag für Tag erbringen. Was langfristig zählt, sind unsere Fähigkeiten, die wir bei unserer Arbeit unter Beweis stellen. Auch unsere Fähigkeit, Beziehungen mit anderen Menschen einzugehen, wird sich zu einem späteren Zeitpunkt in unserem Leben auszahlen. Zum Beispiel wenn sich jemand, dem wir auf eine positive Weise begegnet sind, revanchiert und uns eine Chance gibt, die wir sonst nicht gehabt hätten. Außerdem sorgt ein guter Charakter für eine stabile Lebensbasis, die uns überall zugutekommt. Am Ende werden wir hochzufrieden auf unser Leben zurückblicken. Wir werden nicht nur mit unserer Lebensleistung zufrieden sein, sondern – und das ist noch wichtiger – auch damit, wie wir uns persönlich entwickelt haben. Ein Mensch, der viel erreicht hat, seine persönliche Entwicklung aber zu sehr vernachlässigt hat, kann nicht auf ein insgesamt erfolgreiches Leben zurückblicken. Verstehst du das?«

»Ich denke schon.«

»Du solltest dein Leben ab jetzt genießen. Lebe es auf eine meisterhafte Weise. Werde ein Mensch, auf dessen Bekanntschaft andere stolz sind. Gib in der Arbeit dein Bestes – und vor allem: Begeistere dich für die Dinge, die du tust. Gestalte dein Leben insgesamt so, dass es dich mit Begeisterung erfüllt. Anfangs wirst du intensiv danach forschen müssen, was deine Leidenschaft und Begeisterungsfähigkeit weckt. Aber wenn du dich auf die Suche machst, wirst du die Antwort auf diese Frage finden. Sobald dir das gelungen ist, solltest du dein Ziel entschlossen verfolgen. Widme dich voller Energie der Arbeit, die du von Herzen gerne machst. Und widme dich ebenso intensiv deinem Leben und deinen Beziehungen. Ein Leben voller Begeisterung ist ein erfülltes Leben. Wenn du diese Dinge beherzigst, wird sich alles so zutragen, wie es für dich bestimmt ist.«

»Das hoffe ich.«

»Es wird so sein, Thomas. Das weiß ich. Menschen können sich verändern. Ob du es glaubst oder nicht, ich hatte früher den Ruf, ein Griesgram zu sein, aber ich habe einiges über die Menschen gelernt ... und mich verändert. Vor dir liegt eine großartige Zukunft.«

»Vielen Dank. Darf ich Sie fragen, was Sie früher gemacht haben? Ich meine, welchen Beruf Sie ausgeübt haben?«

»Was glaubst du denn?«

»Ich nehme an, Sie waren Bildhauer.«

»Da hast du richtig geraten. Wie kamst du darauf?«

»Nun, zum einen wegen Ihres Kunstverständnisses natürlich. Aber sicher war ich erst, als ich Arturos Arme gesehen habe und mir die Ähnlichkeit mit Ihren Armen aufgefallen ist. Da habe ich angenommen, dass Sie Bildhauer sind.« Der alte Mann schmunzelte. »Arbeiten Sie eigentlich immer noch als Bildhauer?«

»Nein, ich bin im Ruhestand. Jetzt unterrichte ich nur noch meine inoffiziellen Schüler, so wie dich.«

»Und welche Art von Kunstwerken haben Sie geschaffen?«

»Ach, verschiedene Dinge. Statuen und Reliefs. Das Übliche. Ich habe auch hin und wieder etwas gemalt. Ich war ein guter Maler, aber am meisten liebte ich die Arbeit mit Marmor.«

»So wie Michelangelo.«

»Ja, genau wie Michelangelo.«

Da sie alle Lehren erörtert hatten, unterhielten Tom und der alte Mann sich die restliche Zeit über Italien. Dabei spielte der alte Mann die Rolle eines virtuellen Reiseleiters und Historikers. Tom fand alles faszinierend. Als sie ihr köstliches Mahl beendet hatten, standen sie auf und gingen zum Bürgersteig.

»Ich würde dich morgen früh gerne treffen, bevor du abreist, um mich von dir zu verabschieden, Thomas.«

»Sehr gerne. Ich muss kurz nach sechs Uhr aufbrechen. Wir könnten uns also um sechs Uhr treffen.«

»Das passt mir gut. Auf der Nordseite deines Hotels befindet sich ein großer Platz. Ich könnte dich dort beim Springbrunnen treffen. Um sechs Uhr also?«

»Punkt sechs Uhr! Ich werde mit gepacktem Koffer dort sein.«

»Bis dann.«

»Danke für das Abendessen.«

»Gerne geschehen, Thomas. Ich wünsche dir noch einen schönen Abend.« Der alte Mann drehte sich um und verschwand in einer Gruppe von Menschen. Tom sah ihm noch einen Moment lang nach, obwohl er ihn nicht mehr erkennen konnte. Dann befand er, dass es an der Zeit war, ins Bett zu gehen. Als er sich gerade umgedreht hatte, um zu seinem Hotel zu gehen, klopfte der alte Mann ihm auf die Schulter. Er hielt ein zusammengefaltetes Blatt Papier in der Hand.

»Damit kannst du dir etwas Zeit sparen. Lies es, wenn du in deinem Hotelzimmer bist. Ich sehe dich dann morgen früh.« Tom nahm den Zettel entgegen, der alte Mann drehte sich erneut um und verschwand in der Nacht.

Nach einem kurzen Spaziergang durch die kühle Nacht erreichte Tom sein Hotel. Auf seinem Zimmer angekommen, faltete er den Zettel auf, den der alte Mann ihm gegeben hatte. Darauf standen die Lehren, die er an diesem Tag gelernt hatte:

Finde den Engel in dir.

Folge deiner Leidenschaft. Tue stets, was dich begeistert.

Vertraue deinen Stärken. Glaube an dich selbst.

Die Schönheit liegt im Detail.

Die Hand erschafft, was der Geist ersinnt.

Plane deine Projekte sorgfältig und bereite sie gut vor.

Beginne mit dem ersten Schritt.

Betrachte die Phasen des Abspaltens, der Formgebung, des Abschleifens und des Polierens als etwas Positives.

Manchmal dauert es Jahre, bis der Erfolg sich einstellt. Lerne Zufriedenheit.

Niemand beginnt mit der Sixtinischen Kapelle.

Der alte Mann war in der Tat darauf vorbereitet, seine Lehren an jemanden weiterzugeben. Als Tom in seinem Bett lag und kurz davor war einzuschlafen, begann er zu glauben, dass sein Leben sich an diesem Tag möglicherweise tatsächlich für immer verändert hatte. Vielleicht steckte ein anderer Mensch in ihm, den er der Welt ab jetzt präsentieren würde, ein Mensch wie jener innere Engel. Eine Person voller Kraft und Schönheit.

Um sechs Uhr morgens erblickte Thomas den alten Mann, der von der gegenüberliegenden Seite der leeren Piazza auf ihm zukam. Es war still; nur ein paar Ladenbesitzer bereiteten sich auf den Tag vor und kehrten den Platz vor dem Eingang ihrer Läden. Als Tom und der alte Mann sich erreicht hatten, gaben sie sich die Hand.

»Guten Morgen, mein junger Thomas.«

»Einen schönen guten Morgen wünsche ich auch Ihnen«, antwortete Tom.

»Heute beginnt deine Reise. Wohin sie führen wird, hängt ganz von dir ab.«

»Ja, ich weiß. Aber da Sie mir so viel beigebracht haben, glaube ich, dass ich bereit bin.«

»Wann brichst du auf?«

»Schon in ein paar Minuten. Daher habe ich nicht viel Zeit.«

Sie standen alleine auf der Piazza und sahen sich an. Der alte Mann lächelte und Tom bekam feuchte Augen. Er konnte nicht glauben, was mit ihm geschehen war. Ein alter Mann war aus dem Nichts aufgetaucht und hatte ihm vielleicht die wichtigsten Lehren über das Leben und das Glück vermittelt, die er je gehört hatte.

»Ach – ich würde gerne mit Ihnen in Verbindung bleiben. Könnte ich vielleicht Ihre Adresse haben?«

Der alte Mann sah Tom einen Moment lang an und überlegte.

»Wie wäre es, wenn du mir deine Kontaktdaten gibst, Thomas. Zum Beispiel eine Visitenkarte. Dann kann ich mich mit dir in Verbindung setzen. Wäre das in Ordnung?«

»Ja, natürlich«, antwortete Tom. Er zog seine Brieftasche heraus, fand darin eine etwas zerknitterte Visitenkarte und reichte sie dem alten Mann. »Hier, bitte sehr. Alle Kontaktdaten stimmen noch. Ich würde mich wirklich freuen, von Ihnen zu hören.«

»Also dann, Thomas. Jetzt heißt es, Abschied nehmen«, sagte der alte Mann.

»Ja, es ist an der Zeit. Danke sehr. Vielen Dank für alles«, sagte Tom.

Dann umarmten die beiden sich wie Vater und Sohn. »Es war mir ein Vergnügen, mein junger Thomas«, flüsterte der alte Mann Tom ins Ohr.

Tom löste sich aus der Umarmung und machte sich zum Aufbruch bereit. »Auf bald.«

»Auf Wiedersehen.«

Tom drehte sich um und setzte sich in Bewegung. Der alte Mann sah ihm hinterher. Nach wenigen Schritten drehte Tom sich um. Der alte Mann stand noch immer an derselben Stelle.

»Mir ist eingefallen, dass ich Sie noch nie nach Ihrem Namen gefragt habe. Wie heißen Sie eigentlich?«

»Du kannst mich Herr Buonarroti nennen.«

»Gut, Herr Buonarroti. Auf Wiedersehen.« Tom drehte sich wieder um und ging los, doch nach ein paar Schritten schoss ihm plötzlich ein Gedanke durch den Kopf. *Buonarroti. Buonarroti? Das kommt mir irgendwie bekannt vor. Wo habe ich den Namen schon einmal gesehen? Auf den Schildern! Es war Michelangelos Nachname: Buonarroti.* Tom blieb ruckartig stehen und drehte sich rasch zu dem alten Mann um. Was er sah, überraschte ihn.

Er sah … *nichts.*

Der alte Mann – Michelangelo – war fort.